养育有解

智慧养育的五个维度

有解

张文轩 —— 著

清华大学出版社
北京

图书在版编目（CIP）数据

养育有解：智慧养育的五个维度 / 张文轩著 .

北京：清华大学出版社，2025. 5. -- ISBN 978-7-302-69310-9

Ⅰ. G78

中国国家版本馆 CIP 数据核字第 2025TK8248 号

责任编辑：张立红
封面设计：毛　木
版式设计：方加青
责任校对：卢　嫣
责任印制：沈　露

出版发行：清华大学出版社
　　　　网　　　址：https://www.tup.com.cn，https://www.wqxuetang.com
　　　　地　　　址：北京清华大学学研大厦 A 座　　　邮　　编：100084
　　　　社 总 机：010-83470000　　　　　　　　　邮　　购：010-62786544
　　　　投稿与读者服务：010-62776969，c-service@tup.tsinghua.edu.cn
　　　　质 量 反 馈：010-62772015，zhiliang@tup.tsinghua.edu.cn
印 装 者：小森印刷（天津）有限公司
经　　销：全国新华书店
开　　本：145mm×210mm　　　印　　张：8.75　　字　　数：196 千字
版　　次：2025 年 7 月第 1 版　　印　　次：2025 年 7 月第 1 次印刷
定　　价：68.00 元

产品编号：101666-01

我以父母教我的方式教导孩子，他满眼困惑，
我用语言教诲，如轻风拂过，他充耳不闻，
我用行为来鞭策，他无动于衷，还视我为敌，
绝望的我转过身去，低声哭泣："我该如何教养这个孩子？"

———一位母亲

前言

俗话说，养子不易，教子更难。

三年前一对母女千里迢迢找到我，母亲焦虑无助，孩子伤感抑郁，母亲感慨地说："没想到做父母这么难！"而在一旁的女儿喃喃低语："我们做孩子的就不难吗？"

未曾经历，不成经验。为人父母是件苦差事，在当今社会，各种信息泛滥，多元观点碰撞，亲子教养面临着很多的挑战和难题。特别是孩子到了青春期，更是挑战不断。一位妈妈无奈地说："很多时候孩子的一些行为气得自己都快把牙咬碎了。"

但无论如何，在陪伴孩子成长的这段历程中，你也会经历与孩子共度的一些美好时光，同时在教养孩子的过程中也可以实现自我成长，变得更加成熟和优秀。

有这样一位妈妈，她自小对孩子实行严格的管教，孩子也表现得非常出色，学习成绩始终名列前茅。然而，当孩子步入青春期，频繁的冲突开始在他们之间上演，特别是孩子因手机使用问题冲突加剧，最终导致孩子放弃学业，选择休学在家。

这时，妈妈才静下心来，专注于自我成长，真正开始审视并反思自身存在的问题。经过近一年的努力学习和成长，孩子终于重新鼓起勇气，走出了家门，重返校园。这位妈妈深有感触地说："这一年的成长收获，超过了前十年的总和。"

这本书带你从多元的视角来看所谓的问题。亲子教养的难题是如何把握爱的界限，我们很想爱孩子又怕爱得过度，我们要给孩子树立规则又怕过度控制。作为一名从业近二十年的心理服务工作者，我接触过很多在亲子教养上碰到挑战的家庭，通过为他们提供咨询服务，我有机会看到亲子问题是如何发生及如何解决的。

同时，我也是两个孩子的父亲，在陪伴孩子成长的过程中也碰到了很多的挑战和难题。在我女儿步入青春期的阶段，我亲身经历了她从厌学情绪的萌生，到越来越抗拒上学，再到主动学习的过程。

这些心路历程让我更能理解做好父母和孩子成长中的艰辛。我希望这本书能够在亲子间架起一座桥梁，让父母和孩子更加理解彼此，帮助父母学会掌握一些实用的方法，用多元的思维来看问题，构建更科学理性的亲子观来养育孩子，从而让彼此的生命得以绽放！

小朵10岁，读小学四年级，第一次见面的时候她裹着一条毯子，步伐缓慢地在妈妈的带领下走进我的辅导室，妈妈说，她不开心的时候就裹着这条毯子。

落座后，孩子不说话，双手抱着毯子，妈妈在一旁数落孩子的不是：做事拖拉、学习不积极、老是犯同样的错误、喜欢哭、没有朋友。孩子在一旁没有什么反应，低着头双目无神。我示意妈妈先到外面，我单独和小朵谈，在我慢慢引导下，孩子说："我在学校没有什么朋友，同学们不和我玩，我的成绩也不怎么好，妈妈在家里总是说我不好，对我发脾气，我感觉过得很累。"孩子边说边紧紧地抱着毯子，眼泪慢慢地从眼里流了出来。

这是一个在家得不到父母的关爱，在外面又得不到支持帮助的孩子。在她成长的过程中情绪得不到释放，烦忧得不到排解，从而变得自卑和抑郁。妈妈以前总觉得是孩子的错，不能理解孩子，后来意识到自己对孩子也有不好的影响。妈妈通过自身的调节，学会了处理好家庭关系，帮助孩子和外界建立更多的支持系统，和孩子一起制订有效可行的成长行动计划，重建家庭幸福，最终孩子露出了久违的笑容。

在我多年的工作中，像这样的例子还有很多。一个孩子的成长受到方方面面的影响，而不仅仅是父母或家庭的影响。现在社会上充斥着这样一些理念，如"孩子的问题都是父母的问题""孩子是复印件，父母是原件"，等等。这些理念非但不能为父母解惑，反而只会加重他们的焦虑和内疚。

这样的理念其实比较片面。随着时代的发展，孩子的问题呈现了更多的多元性和复杂性因素。我经过多年的提炼总结，从以下五个维度来分析和解决在孩子成长中所遇到的难题，让养育问题都能有解，并通过这五个维度来让生命变得更加美好。

这五个维度是：
◎ 环境资源
◎ 行为行动
◎ 方法技能
◎ 认知理念
◎ 家庭系统

这也是五维亲子家教法的核心。

本书就是从这五个维度来剖析亲子家教中有挑战的难题，同时告诉父母如何预防问题，如何做好家庭教育，如何陪伴孩子成长，如何化解孩子成长中的各种问题。

本书没有什么大道理，都是我们生活中常见的场景和实用的方法。没有生涩难懂的专业术语，读起来比较轻松有趣。每个章节后面都有可以在生活中运用的练习，方便更好地内化相关知识。

在生活中，我常常目睹一些家庭因采用不当的教育理念与方法，导致孩子成长受阻，这让我感到十分惋惜。在我工作中，也常常看到父母在陪伴孩子成长的过程中亲子冲突不断，内心异常痛苦。曾有一位知名上市公司的管理者找到我，无奈地对我说："在职场上，我能够驾驭最艰难的项目，征服最挑剔的客户，但面对自己的孩子时只能束手无策。"

因此，我衷心希望本书能给家长们提供亲子家教方面的有益启发。同时，本书也适合从事亲子家教和心理服务工作者阅读，方便他们在工作中得到一些借鉴和启发。书中提供的工具表、相关技术、案例分析与实践练习，可直接应用于家庭场景，助力家长更从容地陪伴孩子成长。

当今时代，科技不断发展，人工智能持续更迭，各种信息资讯泛滥，对人的适应能力和要求也相应提高。对于孩子来说，如何辨别信息的真伪、学会学习、学会生活、适应环境、找到方向目标、培养毅力等，都是这代人的课题。要做到这些，智慧的养育就尤为重要。

试想，一个孩子如果动不动就发脾气，学习时难以静下心来，过分在乎他人的看法，稍受批评便伤心落泪，按要求做事时推三阻四，总是抱怨生活的不公，甚至伴有焦虑、抑郁、恐惧等情绪和各种行为问题，他如何能专心学习？又如何能在竞争激烈的社会中立足并发展？更不必说承担起家族传承的重任及为社会发展贡献力量。

这五个维度不仅是对家庭教育和孩子成长的深刻理解，更是一种对多元思维养育的转化和提升。通过学习和践行五维亲子家教法，我们可以更好地理解孩子，陪伴孩子成长，用智慧养育孩子，让家庭更加和谐幸福。

古语云："**广积不如教子，避祸不如省非。**"愿你在亲子家教的道路上能得心应手，困惑时有方向，疲惫时有力量，让爱与智慧的光芒照亮孩子的成长之路，也温暖自己的心灵家园。

张文轩

2025 年 7 月于深圳

养育有解：智慧养育的五个维度

目 录

99% 的养娃难题
都能用这五个维度破解

> 横看成岭侧成峰，远近高低各不同。
> 不识庐山真面目，只缘身在此山中。
>
> ——苏轼

① 妈妈，我不想上学了

"妈妈，我不想上学了。"

这句话从孩子嘴里说出来，带着一种深沉的无奈和疲惫。一个曾经以数学为傲的初二男生，这件事情发生之后，他的成绩快速下滑，尤其是数学成绩，让他感到绝望。

一天数学课上，老师问了他一个相对简单的问题，他竟然没有回答出来。老师当着全班同学的面批评了他，那一刻他羞愧到无地自容，感觉教室里的空气仿佛都凝固了，同学们的目光像针一样扎在他的背上，自己好似成了全班的笑柄。自此，他开始讨厌数学课，甚至对数学老师产生了抵触情绪。

随着时间的推移，他的数学成绩开始下降，越来越沮丧和失望，自信心也在一点点消失，对学习的兴趣也降低了，不仅数学，其他科目也开始受到影响。他变得缺乏动力和自律性，经常不能按时完成作业。

妈妈察觉到了孩子的变化。孩子经常在家里关起门来，不再愿意参与同学的互动，即使同学找他玩，他也会拒绝。一天早晨，孩子竟然不愿起床，声称不想上学了，感觉太累了。对此妈妈感到很震惊。这个年纪不上学怎么行呢？妈妈试图鼓励他，帮助他重新找回学习的动力，但孩子的抵触情绪似乎越来越强烈，甚至对妈妈大声吼叫。妈妈一时六神无主，不知该如何是好。

理理师傅看着无助的妈妈，问道："你觉得仅仅是孩子不想上学的问题吗？"妈妈低头思索，似乎感受到孩子内心脆弱的一面，孩子从小被保护得比较好，没有遇到过什么挫折，在家基本没干过家务活，现在遇到一些打击就受不了了。

"从孩子目前的情况来看，他不仅仅是学业上碰到了问题，还有人际关系和情绪方面的问题。还有他与同学的疏离、对自我价值的否定、自尊心和归属感受挫，这些也是我们要看到的部分。"理理师傅说。

妈妈点了点头。

理理师傅继续说："我们不仅要看到孩子不想上学的这个行为，更要去看到这个行为背后的影响因素。比如孩子自身的一些个性因素、身体因素、家庭因素、学校因素和这个时代发生的一些问题等，都会造成影响。不管怎样，孩子出现问题也不见得是件坏事，至少让我们看到孩子需要面对的一些人生课题。这些问题及早得到处理，对孩子未来的发展成长也就更加有利，你说是吗？"

妈妈又点了点头，想起了歌者莱昂纳德·科恩说过的一句名言：**"万物皆有裂痕，那是光照进来的地方。"**

从这个案例来看，有多方面的因素导致孩子出现问题。比如，学习问题可能与学校环境、自身经历相关；人际关系问题往往源于人格特质与沟通能力的不足；情绪问题与自我评价偏低密切相关。此外，抗挫折力薄弱既受家庭过度保护的影响，也与时代背景下青少年缺乏磨炼有关。它们都是相互关联的，看似是学习的问题，其实其他的问题也会显现出来。

所以，我们看孩子的问题的视角应该是多元而不是单一的，这个案例用五维亲子家教法来解读就可以很好地理解，讲这个方法之前，我们先来看一个故事。

② 新龟兔赛跑

大家知道，原来龟兔赛跑的故事结果是乌龟赢，我们不妨来看一下它的续集。

兔子自从输给了乌龟后，心里很不服气，决心一定要再赢回来，于是，它给乌龟下了战书，要求再来一次比赛，不过有个要求就是比赛的地点由兔子来定。

这次比赛，兔子选在山上比赛，因为山上是它的地盘。规则是谁从山顶先到达山下谁就赢。没想到乌龟竟然答应了。比赛当天，发令枪声一响，它们两个就开始奋力前行，兔子跑得飞快，很快就到达了终点山脚下，却发现乌龟已在终点等它。

兔子惊讶地问："你怎么下来的？"

乌龟说："我滚下来的啊。"兔子一听，顿时语塞，只得认输了。

兔子输了后感到很郁闷，不甘心啊，于是又给乌龟下了战书，条件是这次要在平地上比，没想到乌龟又同意了。

乌龟接到战书后马上开始想办法，思考在平地上怎么做才可以取得胜利。拼速度自己比不过兔子，于是连夜拜访森林木匠，定制了一双适合龟壳的轮滑鞋，闭门悄悄苦练了一段时间后就和兔子比赛了，结果兔子又输了。

输了两次，兔子脸面挂不住了，心里憋着一口气，兔子经过总结发现乌龟这次是借助了轮滑鞋获胜，所以假如规定比赛不能带任何工具是不是就可以赢？想到这里兔子就有点兴奋，于是又下了战书。

比赛这天，兔子吸取前面的教训，想到乌龟也不能借助什么工具，应该不可能胜过自己，然而，万万没想到，兔子一到终点，发现乌龟又在那里等它。

兔子惊讶得下巴都快掉了："你怎么过来的？"

乌龟说："我们比赛的时候有一辆车经过，我就顺便搭个顺风车过来的啊。"

兔子猛然想起比赛的时候是有一辆车呼啸而过，哎呀，没想到乌龟还有这本事。

这次比赛给了兔子深深的打击，想不到乌龟还会借力使用方法，但心中还是千万个不甘心。经过反思、反思、再反思，总结了这次失败的原因后，兔子又向乌龟发出了战书。兔子在这次的战书上特别注明了比赛的地点选在体育馆内的赛道里，这样总没有什么车子吧。

有前几次比赛的影响，这次比赛吸引了大量的动物前来观看，大家把比赛场馆围了个水泄不通，都想看看谁到底会赢。

随着裁判发令枪声一响，兔子飞奔而出，观众席上发出了阵阵的掌声，而乌龟还是慢慢地在那里爬行。快到终点的时候，兔子还是忍不住回头看了看乌龟，只见乌龟还在那里不紧不慢地往前爬。于是兔子放慢了脚步，实在想不出乌龟还有什么办法可以赢得了自己，因为自己很快就要到达终点了。

想到自己就要快到达终点，兔子心里不由得狂喜起来，心想这次终于可以一洗前几次的耻辱了。正当兔子要迈向终点的时候，突然看到在终点站的上方挂着一条横幅，上面写着"谁先通过终点，谁就是乌龟王八蛋"。

这下把兔子给难住了："我要做乌龟王八蛋吗？那我这一世英名岂不毁掉？以后其他动物岂不都叫我乌龟王八蛋？但是如果不过去，那我又输掉了比赛，其他动物也会笑话我啊。"兔子停在那里一时拿不定主意，心里翻江倒海，很是纠结，就在兔子在那里犹豫不决，彷徨不定的时候，乌龟正一步步地向终点走来。

最后，还没等兔子反应过来，现场就响起了一阵阵掌声、喝彩声。兔子这时才惊醒过来，原来乌龟已经到了终点。事后百灵鸟记者对乌龟进行了采访："横幅上写着'谁先通过终点，谁就是乌龟王八蛋'，你不在乎别人这样叫你吗？"

乌龟瘪了瘪老嘴说："我本来就是乌龟啊，况且我是来比赛的，在乎那些干什么，叫这样的名字，以后大家都认识我，出名还不用做广告呢！"

这次的比赛给了兔子重重的一击，它开始对自己产生了怀疑，心里不断地问自己："我到底哪里出了问题？为什么我就是比不过乌龟？"

兔子开始变得抑郁寡欢，每天把自己关在家中，再也看不到往日活蹦乱跳的样子。

有一天，兔子打开抽屉发现自己家庭的全家福合影，看着照片里的大家庭是那么的幸福开心，不由得更加郁闷，十分想念自己的家人。于是，在一个阳光明媚的上午，兔子带着一颗悲伤的心来到了生它养它的地方，来到了自己父母的身边，它把它的事情告诉了父母，并询问父母："我到底哪里出了问题？为什么我就是比不过乌龟？"

兔子父母沉默不语，把兔子带到了外面，在山坡的一块高地上坐了下来，父亲用手指着不远处对兔子说："你看到了什么？"

兔子看了看说："看到了我们很多兄弟姐妹都在劳作。"

"嗯，你看它们时间久一点，用心看。"兔子父亲意味深长地说。

兔子看着远处，思绪也慢慢地回到以往的美好时光，那时候和父母在一起劳作、一起在草地上飞跑玩耍，每次都很享受当下，尽心尽力，即便做得不好，父母也没有责备，还让自己不用在乎别人的看法，用心做好自己的事即可。

看着眼前这幅美好的画面，兔子心中好像找到了答案，内心涌动着一股力量。原来，真正的成长不是孤军奋战，而是要学会用好与生俱来就有的系统的力量和本能啊。

兔子回来之后，又下了一封战书给乌龟，这一次果不其然，兔子赢了。

我讲这个故事抛砖引玉，引出什么呢？那就是五维亲子家教法。

养育有解：智慧养育的五个维度

③

什么是五维亲子家教法

　　什么是五维亲子家教法呢？简单说就是从五个维度来进行亲子家教的一种方法。在亲子家教的过程中，从这五个维度出发就可以很好地引领孩子的成长。同时，在碰到亲子家教相关问题的时候，也可以从这五个维度找到相应的解决之道。

　　这五个维度分别是环境资源、行为行动、方法技能、认知理念和家庭系统。

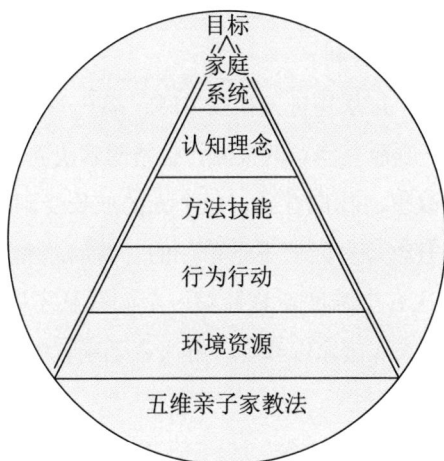

五维亲子家教法模型

◎ **环境资源：** 我们要学会在环境中看到资源。例如，最开始乌龟在比赛中就是利用了山上的环境，结合自身龟壳硬的优势，从山上滚下来就赢了。

◎ **行为行动：** 当乌龟听说第二次比赛是在平地上进行时，它立即行动去定制了轮滑鞋，并不断地练习，结果也赢了。

◎ **方法技能：** 乌龟很聪明，总能找到合适的方法实现目标。例如，在比赛中，乌龟说服了路途上的汽车司机让它搭车，这需要一定的沟通能力。因此，在亲子家教中遇到问题的时候，应先问问自己是否掌握了相应的方法和技能。

◎ **认知理念：** 当兔子看到横幅上的内容的时候，心里冒出了很多想法，特别在乎别人对自己的评价和看法。而且它想到的也是一些对自己不利的负面想法，结果没有关注目标而以失败告终。

◎ **家庭系统：** 兔子最后看到了它的家庭系统，在这个系统里找到了自信与爱，找到了它与生俱来就有的特长和力量，最终赢得了胜利。

这五个维度，层层递进又相互关联，都是围绕着目标而进行。就像一盏明灯，既照亮问题的根源，也指明解决问题的方向。

通过这个故事，我们看到，一个人的成长受到方方面面的影响。所以亲子家教是多元而不是单一的，看问题和解决问题也应该是多元的。这五个维度就是针对一个问题从不同方面去切入，在不同的维度中去实施家庭教育，解决亲子家教中出现的难题。

④

从混乱到系统的教养升级

这个模型来自一个工具——"理解六层次模型"。

理解六层次模型是由美国学者格雷戈里·贝特森发展出来，经由 NLP 大师罗伯特·迪尔茨整理，于 1991 年推出。这是一套有助于成功的思维模式，能够解释社会上的许多现象。

它把我们的思维空间分为六个层次。从下往上分别是环境、行为、能力、信念、精神层面，后来心理学家李中莹先生把精神层面改成了系统层面。

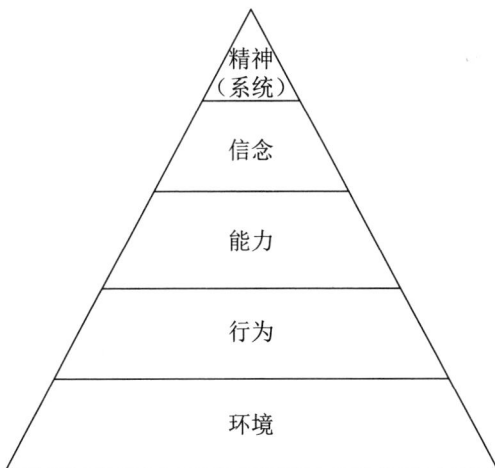

理解六层次模型

第一章 99% 的养娃难题都能用这五个维度破解

在多年亲子教育实践中，我发现，很多出现问题的家庭和孩子都可以从这六个层面找到原因及解决之道。于是我进一步梳理了这个模型，思考如何在亲子家教中运用它，经过总结和提炼，形成了五维亲子家教法模型。我在实践中运用这个模型，均取得了很好的社会反响。

▶ 环境资源 ◀

在这个模型里，我把环境层改成了环境资源。突出的是资源，我们要学会在环境里去看到资源。例如，需关注孩子的兴趣爱好、父母的职业背景、家庭成员构成、家住在什么地方、孩子在什么学校上学等，这样可以更好地评估孩子身边的资源，在孩子碰到问题的时候更容易找到解决之道。

对环境进行更具体的细分，分为自身环境、家庭环境、学校环境和社会环境。对于一个孩子成长来说，主要就受到这四个环境的影响。

💡 在这个层面要问：你有什么？

这样可以更好地评估环境系统对人的影响。比如一个孩子不爱学习，但喜欢画画，我们可以通过孩子画画的喜好，带着好奇去听听这个孩子关于画画的生命故事，哪些环境因素促进了孩子对画画的兴趣，慢慢地打开孩子的学习之门。

我记得有个孩子遇到了问题，但是孩子不愿意来接受心理辅导，于是父母先来。有一次，父母带了一只小狗过来，说这只狗是孩子养的，孩子很喜欢它。结果那次我给狗做了一次"辅导"，让小狗喜欢上我。后来孩子听说小狗很喜欢来我这里后，就愿意来见我了。在这里小狗成为环境资源的一部分，它既是孩子的情感寄托，也是打开孩子心扉的媒介。

当一个人困在了问题里，往往难以发现身边的资源。

▶ 行为行动 ◀

从下往上，第二部分是行为层面，我更强调的是行动。行为大多是一些无意识、无目的的动作组合，而行动则是有意识、有目的的动作组合，是有指向目标的。所以，我们要在一个人的行为里去促进行动，从而产生结果。

💡 在这个层面要问：你做了什么？

如果你去看一个人的成功史，你会发现成功的人都是在不断行动中做出来的。所以，当一个人有问题，你可以问他："你做了什么？"比如，一个妈妈问孩子网络成瘾怎么办。我们可以问她："孩子现在这个样子，你做了些什么？"往往对方一时还回答不上来，她的回答是说也说了，道理也讲了，甚至打过骂过了，但发现都不管用。

你会发现，很多人的问题是并没有采取有效的行动，还是按原来无效的方式在继续，自然也不会有什么好的结果。

荀子说："**坐而言，不如起而行**。"可见行动在生活中的重要性。

▶ 方法技能 ◀

再往上一层是能力层面，我将其称为方法技能。我们知道，要胜任一件事情，需要掌握一定的方法和技能，并通过练习形成这方面的能力。比如，当孩子做作业的时候，你感觉到他心不在焉，耷拉着脑袋，状态低迷。这时，你很生气地吼他，结果你会发现往往效果不佳，要么他更加抵触做作业，要么和你杠起来。

假如你在孩子状态不好、有情绪的时候，先调节他的状态和情绪，比如陪他玩个游戏或切个水果给他吃，让他状态调整好了再去写作业，效果就会好很多。

有一次，我们家孩子在做作业时很烦躁，为了缓解他的情绪，我和他玩了一个扔小球的游戏。就是在我们前方两三米远的地方放一个空瓶子，然后要把一个小球扔进去，扔进去后就有一元钱奖励。我们很兴奋地玩了一会，孩子心情变好，然后继续顺利完成了他的作业。

如果你要处理孩子情绪的问题，就需要学会一定的方法，掌握一定的技能，多加练习形成这方面的能力。

💡 在这个层面要问：你会什么？

在亲子家教方面，常见需要掌握的技能有情绪管理能力、亲子沟通能力、成长支持能力、家庭管理能力和持续学习能力。

▶ 认知理念 ◀

再往上，在信念层面，我称为认知理念部分。我们应当认识到，信念的形成主要源自我们对人事物的认知及其内化为个人思想理念的过程。

💡 在这个层面要问：你在想什么？

有问题的人往往想得特别多，而且大都是负面消极的想法。

比如一个孩子总是说自己是个自卑的人，是个没有出息的人。他为何会这么评价自己呢？这和他的自我认知有关，而这个认知的形成也许和他的成长经历或他人对他的负面评价有关，而当他自己认可这部分的时候，就会上升到理念层面。在他对这个理念深信不疑的时候，信念就慢慢形成了。

所以，我们要小心对孩子的评价，特别是负面的评价，这会影响孩子对自己的认知。当一个人形成了负面的认知和理念的时候，要学会觉察和质疑这种认知和理念的合理性，并学会用积极的亲子观来代替。

▶ 家庭系统 ◀

最上面的系统层面，我强调的是家庭系统。系统太浩瀚庞大了，在亲子家教中，我们主要聚焦在家庭这三种关系系统中，即夫妻、亲子和子亲系统。孩子在这个系统里成长，自然会受到这个系统的影响。

💡 在这个层面要问：你爱什么？

在家庭系统里，表面上有很多问题，其实背后往往都含有深

深的爱在里面，把爱显现出来，就能让我们更加感受到家庭里蕴含的爱与力量

▶ 如何使用五维亲子家教法 ◀

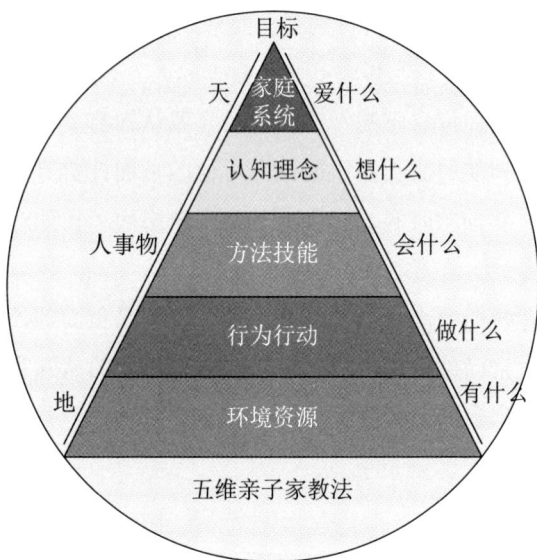

五维亲子家教法模型释义版

这个模型里，家庭系统象征着天空，广阔无垠、神秘且充满力量；环境资源层面则好比大地，孕育万物、承载生长，蕴藏着无尽的可能；而中间的三层则代表着我们日常生活中的人事物，包括人情世故、工作生活以及学习成长。通过合理运用这五个维度，我们可以更好地实现自我成长与生命的绽放。

这五个维度里每个维度对人都会产生影响。假如一个孩子妈妈问你："我的孩子在学校压力大，老师要求严格，班上同学说他的坏话，导致孩子现在不想上学，我想给孩子转学行不行？"此时

养育有解：智慧养育的五个维度

你要很小心，首先要评估他到底是哪个层面出了问题。

如果说仅是环境部分出了问题，那转学就有效果。而假如这个孩子不想上学不仅仅是因为老师管得严、同学说他坏话，还因为现在父母正在闹离婚，搞得他心不在焉，学不下去，那么这种情况下，仅仅给孩子换学校并不能解决问题。

所以，解决一个人的问题，首先要看他的问题在哪个维度。同样，我们要想促进孩子发展，也需要考虑在哪个维度可以给孩子支持。

一般来讲，这五个维度中下面三个维度的问题相对比较好解决，也就是环境资源、行为行动和方法技能层面。环境方面改善环境，行为方面采取行动，能力方面去练习提升，都是可以找到途径和方法的。这三个维度，我们称为意识层面，也就是我们稍加注意就可以意识到的部分。

那么，上面两个维度问题相对来说就比较复杂一些，也就是认知理念和家庭系统层面。这部分的问题都不是一朝一夕形成的，而是有一个长时间的积累过程，自然需要一个过程去修复。而且这两个维度的问题大都在潜意识层面，不太容易被意识到。

所以，一般问题大多在下面三个维度里，而严重问题通常已上升到了上面两个维度里。

当我们批评孩子的时候，尽量从下面三个维度来批评。比如孩子这次数学考试只考了 60 分，可以批评孩子没有掌握这次考试的知识点，没有好好去复习等，这些都是行为和能力方面的问题，是可以通过行动和练习得以改善的。

尽量不要从认知理念和家庭系统维度去批评孩子。而在实际生活中，我们却经常容易说："你看，你就是个不会读书的人""你就是个马虎的人""你爸爸也是这样不会读书，难怪你也不会读书"等。

这样的批评，就是动不动从认知理念和家庭系统的维度出发，很容易引起孩子的反感，使问题严重化。

有一次，我们小区的出口发生了很久的拥堵，后来了解到，前面有个女司机被保安拦住的时间长了点，就骂保安是一只看门的狗，保安被气得就是不让她走。

为什么保安会这么生气？因为她伤害了人家认知理念和家庭系统的部分啊。所以我们要知道，闲谈莫论人非，不要动不动去给人贴标签，不要去说三道四。对自己家的孩子也是如此，这方面内容会在后面相关的章节详细展开。

养育有解：智慧养育的五个维度

⑤
五个维度解决孩子不想上学的问题

我们再回到前面提到的孩子不想上学的案例，看看他的问题出在哪个维度，以及如何来解决他的问题。

▶ 环境资源 ◀

我们要更多地了解他的信息，看看他有哪些资源。据了解发现他喜欢画画，曾经参加过比赛，还得过奖。在心理辅导中，可以让孩子述说画画的成功经历，以及因为画画不错在班级中被推荐负责板报的事情。然后，让孩子拿作品来分享，倾听孩子对作品的解读，放大他成功的感受，让他觉得自己并不是一无是处，从而增加他的成就感。

在家庭里，父母爱孩子，愿意付出时间和精力来配合辅导，帮助孩子成长，还请外婆帮忙照看，照顾孩子的起居饮食。所以，对这个孩子来讲，他有一个很好的家庭环境支持系统。但同时因为家庭过于照顾孩子，过多的精致教养使得孩子抗挫折能力较差，辅导中后期安排孩子慢慢承担一些事务，洗自己的衣服，整理自己的房间等，让孩子学会为自己的事情负责。

在学校环境方面。班主任也很支持孩子，得知了孩子情况后，老师也给予了关注和肯定，让孩子得到了更多的价值感。同时也让孩子和数学老师做了沟通，解除了一些隔阂，让孩子理解了老师的难处与出发点。

此外，孩子居住的环境也不错。家旁边有个公园，很方便出去散步，利用这个地理环境优势，父母想办法带孩子到公园里去散步，让孩子从房间里走出来，鼓励他和玩得好的同学见面交流，也对孩子起到了一定的效果。

▶ 行为行动 ◀

孩子自从出了问题后，虽然有学校的心理老师咨询辅导过，但是效果不明显，父母每天和孩子讲了很多道理，发现没有什么用。

我们可以看到父母采取的行动不多，有效的更少。所以在有效行为这方面，减少说教，多看到孩子好的一面并学会肯定孩子，设定计划，每天在语言和行为方面对自己进行打分，从而促使父母的行为发生变化。

▶ 方法技能 ◀

父母说自己沟通能力比较差，看到孩子不满意的状态，容易发脾气、焦虑和着急，想改善又不知道该如何与孩子正确沟通，即便和孩子沟通也没有什么好的效果，导致孩子不愿意和父母多说话。

所以，父母要学会管理自己的情绪，习得一些和孩子沟通的技能，同时学会给予孩子一定的支持。

再来看孩子的能力方面。现在孩子没有掌握一些学科的基础知识，学习起来比较吃力，在这方面通过找到合适的老师进行指导，提升孩子的学习能力，化解孩子知识上的一些卡点。孩子在人际交往中不知道如何与人沟通，通过角色扮演练习，让孩子掌握一些人际交往技巧，使得孩子更有信心面对以后的人际关系。

▶ 认知理念 ◀

孩子自认为是个没用的人，成绩不好就不会受到同学的欢迎。通过回顾孩子画画得奖、在班级负责板报的成功经验，让孩子感到自己还是可用之才，看到自己的价值和优势，并看到自己的一些不合理的认知。通过回忆成功的事件以及发现身上的闪光点，调整孩子对自己的负面认知。

针对孩子认为"成绩不好就不会受到同学的欢迎"这种认知，让孩子去探究一个受人欢迎的人身上有哪些让人喜欢的特征。总结发现，成绩好也只是其中的一部分，更重要的是这个人具备积极上进、愿意付出和心胸开阔等方面的特质，从而降低孩子对学习成绩方面的担忧。

▶ 家庭系统 ◀

孩子的整个家庭关系维护得不错，都比较重视孩子的身心成长，夫妻双方在孩子出现了问题时也会一起主动积极面对，只是欠缺方式方法。建议家庭每周可以举行一次家庭会议，增加家庭成员的互动。

以上的案例，挖掘了自身、家庭和学校的环境资源，提高了父母的教育能力和孩子的学习能力，增强了孩子的人际交往能力训练，调整了不合理的认知。经过两个月的系统辅导，孩子的学习状态和情绪明显改善，重新建立起了对学习的信心和动力。

我们可以用一个表格总结五维亲子家教法的应用。

五维亲子家教法应用示例

维度	关键问题	解决方案示例
环境资源	孩子缺乏支持系统	家校合作、利用兴趣特长
行为行动	父母无效说教	每日记录积极肯定言行
方法技能	沟通能力不足	角色扮演练习、情绪管理技巧
认知理念	自我评价过低	认知重构、回顾成功经历
家庭系统	家庭互动僵化	定期家庭会议、明确分工

我们再来举个生活中可以应用的例子。以孩子沉迷游戏为例，传统教育模式常采取单一行为干预，如强制没收手机，但往往加剧亲子对抗。若运用五维亲子家教法模型，则可系统化构建解决方案。

◎ 环境资源维度——重塑家庭场景：设立无屏幕时段，如晚餐后 1 小时全员禁用电子设备，创造物理隔离环境。

◎ 行为行动维度——培育契约精神：与孩子协商制定《游戏时间管理协议》，明确奖惩规则并签字践行。

◎ 方法技能维度——赋能工具使用：引导孩子使用"番茄钟""Forest"等时间管理 App，培养自主控制能力。

养育有解：智慧养育的五个维度

◎ 认知理念维度——深化价值讨论：通过提问"游戏满足了你哪些需求？"帮助孩子觉察成就感和社交归属背后的心理动因。

◎ 家庭系统维度——激活替代体验：组织家庭徒步、桌游夜等集体活动，用高质量陪伴填补游戏退出后的情感空白。

那么，五维亲子家教法具体包含了哪些内容？如何运用每个维度来指导亲子家教？有什么好的方法和技术来应对亲子家教的难题？从下一章开始，我们逐步推开五维亲子家教法的大门，一探究竟。

练习 1

体验五维视角，回忆美好时光

选一个安静的时间和空间坐下来，双脚放在地上，双手自然放在大腿两侧。然后，把注意力放在呼吸上，试着做几个深呼吸，感觉自己慢慢地平静下来，当感觉平静下来后，保持自然呼吸即可。

感受身体，注意哪个部位是最放松的，然后将这种放松的感觉扩散到全身，使整个身体处于一个放松舒适的状态。

把注意力放在自己身上，回忆一件与孩子或全家共同经历的美好的事，这件事情可大可小。比如，一起去某个地方游玩、一起攀登了某座高山、一起参加某个活动、一起阅读喜欢的书籍，等等。

然后，把注意力放在这件事情上，回忆一起做过的这件事情。

想一想，这件美好的事情是怎么发生的？当时的环境是什么？有哪些资源支持了你？

然后，再想一想，你采取了什么行动来促进这件事情的发生？当时你做了些什么？

再想一想，请回忆你当时运用了哪些方法和技能促成这件事？比如你的沟通协调能力、统筹安排能力等。

这件事情带给你的想法是什么？你会怎样评价自己？别人又是如何评价你？

这些美好的时光给你的家庭带来了怎样的影响？看到家人幸福快乐的样子，你的感觉如何？

好，保持这种感觉，试着看着孩子，感受他的美好和纯真，感受我们内心的爱和温暖。想一想，如何通过环境资源部分让孩子变得更好？如何通过行动激发孩子更大的动力？孩子需要学习的方法和技能是什么？如何提升孩子的认知？家庭系统如何为孩子的成长提供有力支持？

现在，在你面前出现一朵含苞待放的鲜花，你看到这朵鲜花在慢慢地绽放，在阳光下散发着淡淡的清香。蝴蝶和蜜蜂在旁边飞舞，绽开的鲜花在微风吹拂下轻轻摇摆，好像在轻轻地对你说："谢谢你，我爱你！"

你也轻轻地对它说："谢谢你，我爱你！"

好，请你在这么美好的画面中停留一会儿，然后再轻轻地睁开眼睛。

练习 2

家庭教育中一件成功的事

请你回顾自己的亲子家教经历，选择一件你认为在亲子家教中成功的事例，从五个维度出发，在下面的表格中总结相关的成功因素。这件成功的事情可以是任何你觉得成功的事例，无论大小。

家庭教育五维度总结

维度	总结成功因素
环境资源	
行为行动	

养育有解：智慧养育的五个维度

维度	总结成功因素
方法技能	
认知理念	
家庭系统	

第一章 99%的养娃难题都能用这五个维度破解

化解亲子教育难题的五个维度

◎ **环境资源：** 透过环境去看到资源。

　　多问：有什么？

◎ **行为行动：** 通过积极行动，促进变化。

　　多问：做什么？

◎ **方法技能：** 掌握相关方法技能，勤于练习，熟能生巧。

　　多问：会什么？

◎ **认知理念：** 通过觉察、质疑和代替，塑造积极亲子观。

　　多问：想什么？

◎ **家庭系统：** 构建家庭三大核心关系，让家庭充满温暖和情
　　感联结。

　　多问：爱什么？

\第二章/

环境资源：
重塑孩子的成长生态

66 橘生淮南则为橘，生于淮北则为枳。 99

——《晏子春秋》

① 妈妈，我摆不好鞋子

"妈妈，我摆不好鞋子！"孩子被妈妈说烦了，怔怔地回应道。

让妈妈感到恼怒的是，她已经和孩子说了很多遍，让孩子回到家要把脱下的鞋子摆放好，但孩子始终不能做到。每天放学一进门，孩子就会把鞋子一脱，袜子一扔，完全不按照妈妈的要求去做。妈妈不明白孩子到底哪里出了问题。因为这件事情，亲子之间已经发生了很多冲突。尽管妈妈已经尝试过多种方法来纠正孩子的这种行为，但孩子仍然没有改变，这让妈妈感到非常沮丧和失望。

妈妈开始怀疑自己的管教方式是否恰当，她困惑于孩子为何在幼儿园能整齐地摆放鞋子，而回到家却不行。于是，妈妈找到了理理师傅，希望能找到解决这个问题的办法。

理理师傅问道："孩子在幼儿园能把鞋子摆放好，而在家里却做不到，你觉得孩子在幼儿园和在家里摆鞋有什么不同吗？"这个问题让妈妈陷入沉思。

妈妈回忆孩子在幼儿园的经历，发现每个孩子都有自己的鞋柜，有群体的榜样和监督，每个孩子都可以管理和摆放好自己的鞋子，妈妈似乎找到了问题的解决之道。

妈妈和孩子进行了一次诚恳的谈话，表达了自己的担忧和期望。她与孩子商量了一个解决方案：在家入口处放置一个鞋架，上面标

养育有解：智慧养育的五个维度

有家庭成员的名字，专门用来摆放各自的鞋子。家庭里的成员也都要摆放好自己的鞋子，没有摆放好的要接受相应的惩罚。妈妈也承诺，只要孩子能够自觉地将鞋子摆放整齐，她就不再过多地干涉和说教，并且还会给孩子相应的奖励。

孩子听后感到很开心，令人惊喜的是，当天孩子回家后立刻将鞋子整齐归位。亲子间因摆鞋激发的矛盾也得到了解决。

这个例子让我们看到，通过简单的环境调整，我们就能够影响并改变孩子的行为习惯。在孩子的成长和学习过程中，环境起着至关重要的作用，通常可以归纳为以下四大环境。

▶ 自身环境 ◀

这里的自身环境是指自身的个人技能、外貌特征、专业知识、兴趣爱好、性格特质和区别于其他人的优势特长等。

通过了解自身环境，一个人可以清楚地认识自己的优势和劣势，知道如何善用自己的长处，达成自己的目标和愿景。

▶ 家庭环境 ◀

家庭环境包括居住环境、装饰布置等硬环境，也包括家庭成员之间的关系、教养方式和家庭氛围等软环境。在家庭中，孩子从小耳闻目睹的一切，对孩子的身心健康、社交能力和性格塑造都会有影响。

例如，父母的行为和态度积极向上，孩子也可能形成类似的行为和态度。如果家庭提供的饮食质量好、生活环境干净卫生，个人的健康水平也会较高。因此，我们应注重家庭环境的建设和改善，创造一个良好的家庭环境，为孩子的成长和发展提供更好的支持和保障。

▶ 学校环境 ◀

学校环境包括学校的物理设施、学校资源以及教学方法、管理方式、师资队伍、师生关系和同学关系等。学校环境对学生的学习和成长同样具有重要影响。一个良好的学校环境可以提供学生所需的资源和支持，激发学生积极学习和探索知识。此外，一个安全、友好和支持性高的学校环境可以帮助学生发展自信、自尊和社交技能，从而促进学生的全面发展。

因此，在孩子成长的过程中，要善于利用学校的环境来促进孩子的成长和发展。

▶ 社会环境 ◀

我们生活在一个复杂的社会环境中，社会环境包括我们所在的自然环境、居住的城市与社区、社会文化背景、社会价值观和媒体环境等。在一个注重家庭、尊重长辈、重视品德的社会环境中，孩子更容易形成积极的家庭观念和品德观念。相反，在一个物质至上、崇尚个人主义、道德感较差的社会环境中，孩子容易形成消极的价值观念。

记得有个妈妈带着孩子来找我做心理辅导。孩子因失恋非常难过，在咨询过程中，我发现在孩子的认知中，有钱是最重要的，他觉得女孩不喜欢他是因为他家里经济条件不好。经过进一步的询问，原来孩子的爸爸是做生意的，经常带孩子去 KTV 唱歌，认识一些在社会上做生意的人，他所接触到的很多人事物都与钱有关，认为有钱就能够享受生活。

后来，他家经营的生意失败了，家境变差了。这个时候，女孩提出分手，男孩就把女孩看不上他的原因归咎于自己家里经济不好。然而，实际上更主要的原因是，女孩经过接触发现男孩没有什么能力，品德和生活习惯也不好，不值得继续交往下去。

互联网时代，各方面的信息充斥着孩子的生活。孩子每天沉浸在这些信息的海洋中，如果经常接触到一些不良信息，就会受到负面影响。因此，在孩子具备一定的分辨和思考能力之前，我们应该尽量选择对孩子有利的社会环境，以免孩子受到太多社会负面影响。

总而言之，四大环境对孩子的发展至关重要。自身环境帮助孩子认清自己的优势和劣势，家庭环境为孩子提供良好的成长支持，学校环境提供大量的学习资源，社会环境塑造孩子的集体价值观等。

下面，我们详细谈谈如何借助自身环境、家庭环境、学校环境和社会环境助力孩子的成长和发展。

② 自身：挖掘自带的教育资产

在成长过程中，我们每个人自身的个人技能、外貌特征、专业知识、兴趣爱好、性格特质和区别于其他人的优势等元素，共同构成了我们作为个体的独特性和个性化特征。

我在给儿童青少年做心理辅导时，一开始会让他们填写一份登记表。这份登记表里不仅包括他们的个人信息，还特别增加了兴趣爱好和特长两项内容。这样，我可以更好地了解孩子的喜好、优势和才能所在。同时，它也成了我探索孩子潜力的入口和突破口，为他们建立自信心和发展提供了重要的支持。

在这里，我就是利用对方自身环境的资源优势，为他们提供有针对性的支持和指导。这不仅让孩子看到新的希望，也激发了他们的自信心，为他们的发展打开了更广阔的道路，让他们看到更多的美好。

▶ 个人技能 ◀

个人技能是我们在学习、工作和生活中所掌握的特定技能和知识。无论是专业技能、手工技能还是社交沟通技能，它们都是我们在特定领域中展示自己的方式。个人技能的积累和提升可以帮助我们更好地适应环境、实现目标，并与他人进行有效的互动。

通过个人技能，我们能够展现自己的能力和价值，这是多年来积累的宝贵资源，我们要善于运用它们。

▶ 外貌特征 ◀

外貌特征是我们身体的外在表现。外貌特征包括容貌、身材、个人形象等。它在社交互动中起着重要的角色，它可以影响他人对我们的印象和态度，从而对我们的人际关系产生影响。

有一个孩子，他虽然身材高大，但在学习方面表现很差，这使他感到非常自卑。有一天，学校举行了篮球队的选拔活动，他因为身高的优势被选入了篮球队。出乎意料的是，他展现出了出色的篮球潜能，篮球打得非常好。这一发现让他重新找回了自信，并慢慢对其他学科的学习也产生了积极的影响，逐渐取得了进步。

对于这个孩子来说，身高是他的外貌优势。虽然他一直对自己的学习成绩感到自卑，但篮球队的选拔让他看到了自己的独特之处，也提醒他自己拥有更多的可以施展的潜力和价值。

▶ 专业知识 ◀

专业知识是我们在特定领域或职业中所具备的特殊能力和知识。无论是科学、技术、艺术还是商业领域，专业知识都能够让我们在竞争激烈的社会中脱颖而出。通过不断学习和实践，我们可以进一步发展和提升自己的专业知识，为个人的职业发展和成功打下坚实的基础。

▶ 兴趣爱好 ◀

兴趣爱好是我们追求和享受的活动和领域。它们代表着我们内心的喜好和热情，也是我们放松身心、追求个人成长和满足社交需求的途径。兴趣爱好可以让我们与他人建立共同话题和连接，并为我们带来乐趣和满足感。

人们总是喜欢谈论自己感兴趣的话题。当面对一个沉默寡言的孩子时，如果我们能提及他感兴趣的话题，往往可以打开他的心扉。我们与一个沉迷于网络游戏的孩子谈论学习，他可能对此毫无兴趣。然而，一旦我们与他谈论游戏，就很容易找到共同话题。通过兴趣爱好，我们可以深入了解对方的内心世界，从中看到孩子的成长经历和独特性，发现他潜在的力量以及未来无限的可能性。

通过与孩子们谈论他们感兴趣的话题，可以建立起与孩子之间的信任和情感纽带。孩子会更加愿意分享他们的想法、困惑和梦想，通过与孩子深入交流并理解他们的兴趣爱好，我们还可以为他们提供个人成长和发展的指导，可以引导他们将兴趣爱好中培养的技能和特质迁移到其他领域中。例如，鼓励他们运用策略思维和解决问题的能力来解决学习中的难题，或者通过游戏中的协作经验来培养团队合作的意识。这样的引导可以帮助他们意识到自己的潜力，并激发他们在其他方面的积极表现。

▶ 性格特质 ◀

性格特质是形成个体内部稳定行为模式和情绪表现的重要组成部分。乐观、坚韧、友善及勇敢等性格特质对我们与他人的相处方式和人际关系有着重要影响。通过深入了解和积极发展自己的性格特质，我们可以更好地管理情绪、适应环境，并与他人建立积极的互动关系。

在面对所谓不好的孩子时，我们应该认识到他们内心的善良和良好的性格特质。这些孩子可能被贴上了不好的标签，但实际上他们的内在品质是值得被肯定的。比如，社恐的孩子虽然害怕恐惧交际，但他们仍然有勇气来寻求心理咨询的帮助；厌学的孩子可能对学习缺乏兴趣，但仍然每天去上学，展现了他们的责任心和毅力。这些性格特质是值得被肯定和赞赏的。

积极心理学强调，放大性格优势比纠正缺陷更能促进一个人的成长。

每个孩子都有自己独特的性格特质，而这些特质是他们个性的一部分。当我们能够认识到他们积极的品质时，我们就能更好地理解他们的行为，并给予他们适当的支持和指导。通过积极地反馈和鼓励，我们可以帮助他们建立自信心，激发他们的潜力，促进他们的成长和发展。

▶ 优势特长 ◀

个人环境还包括那些与他人不同的优势特长。每个人都有自己独特的优势，这些优势可以是天赋才能、特殊经历和个人背景等。通过充分发挥和利用这些优势，可以在特定领域中脱颖而出，取得更大的成功和成就。

个人环境对于我们的发展和成长具有重要的影响。它为我们提供了独特的机会和挑战，塑造了我们的认知、心态和行为。同时，我们也可以通过主动努力和学习来改变和拓展自身环境，不断完善和提升自己。

了解和认识自身环境对于个人定位和目标的制定至关重要。通过审视自身的个人技能、外貌特征、专业知识、兴趣爱好、性格特质以及区别于他人的优势特长，我们可以更清晰地认识自己的优势和劣势，并确定自己的发展方向。同时，也可以更好地利用自身环境来追求个人目标和实现个人价值。

相对来讲，个人技能、外貌特征和专业知识更容易被识别和利用，我们归为自身环境中的显性资源；而兴趣爱好、性格特质和优势特长，需通过观察与引导才能转化为成长动力，我们归为自身环境中的隐性资源。

可以问问自己：

◎ 我有什么技能和特长？

◎ 我有哪些兴趣爱好？

◎ 我外在和内在的优势是什么？

◎ 我区别于其他人的优势是什么？

◎ 别人是怎么注意到我的这个优势的？

◎ 何时何地我有和这个优势有关的经历？

③

家庭：打造孩子的安全基地

下面来谈谈家庭环境，我把家庭环境分为家庭硬环境和家庭软环境。家庭硬环境指的是家庭的物理环境，包括家庭里的房屋结构、装饰布置等，通过外在环境建设来促进孩子的身心健康。

家庭软环境指的是一个家庭的精神环境，反映家庭成员的心理和情感状态，包括家庭成员之间的家庭关系、家庭氛围、教育方式等。家庭软环境是影响家庭成员心理健康和幸福感的重要因素之一。

在亲子家教中我们要学会通过这两种环境来影响孩子。

▶ 家庭硬环境建设 ◀

早年曾做过一个项目，要去一些老年人的家里做健康调研，我发现一个现象，就是家里东西比较多和乱的老年家庭，一般疾病都比较多，而那些简洁有序的家庭相对疾病较少。印象中有一位老人家里阳台上堆满了多年前的一些旧报纸，房间里也堆满了药品、食物，瓶瓶罐罐的感觉很乱。

我问老人家这些旧的报纸怎么不清理呢？老人说没事的时候还可以翻翻。我说是不是你们家也还留着很多都不穿的衣服？老人家说是啊，都还挺好的，不舍得扔掉。

一个人不舍得放弃一些东西，这些东西就会堆积得越来越多，家里空间就堵塞，流通不好。长期在这样一个环境下生活就会影响身体健康，而一个健康的人是新陈代谢好，把好的东西吸收进来，把不好的东西排除出去。

环境心理学研究指出，头顶压迫感会激发潜意识中的不安，导致睡眠质量下降。我曾住过一家酒店，当时晚上很晚才到达房间，进房间时发现房间很小，更糟糕的是床的正上方恰好对着一块凸起的吊顶。

由于时间已经很晚，我就没有去换房，打算睡一觉就算了，然而，躺下后就感觉睡得很不踏实。第二天起床时觉得很疲劳，我想，如果一个人长期处于这样的环境中，是不是容易身心疲惫？因此，我们需要认识到装饰和布置的重要性，创造一个有序和舒适的生活空间，不仅有助于提升心理健康，减少压力，还能为新的事物和积极能量提供更多的空间和机会。

房间分配

对于家庭来讲，怎样的布置对孩子成长有利是有讲究的。一般家庭房间都分主次卧房，孩子都睡次卧房，但也有一些家庭例外，孩子睡在主卧房里，父母睡在次卧房里。一般这样的孩子比较自大，不好管教。

在进行房间分配时，如果对于每个成员应该住在哪间房间感到困惑，可以采用家庭人物排列的方法。具体做法是在一个空地上画出家庭的房间布局，然后每个人根据自己的感觉站在对应的位置感受一下。如果感觉不好，可以尝试换个位置，如果感觉舒适和安心，就可以留在那个位置。这样家庭成员可以跟随内心的感受，找到各自适合自己的舒适房间。

如果觉得在实地上画这个布局有些麻烦，也可以使用一张白纸，画出家庭居室的布局，然后拿一些小人物件作为代表，分别放置在房间中，然后每个成员根据自己的内心感受，找到一个让自己感到安心和舒适的房间。

家居布置

在家庭中，我们可以通过布置家居环境来对孩子产生潜移默化的影响。

如果条件允许的话，可以配置一个**完整的书房**。如果条件有限，也可以购买一个简单的书架。书籍代表着知识和智慧。为了让孩子能够安心地阅读，可以在书房里放置一个舒适的凳子或躺椅，孩子可以坐在那里或躺在那里阅读。如果没有书房，可以在家里的某个角落布置一个阅读区域，让孩子知道有个特定的地方专门用于阅读。

有小孩子的家庭，可以设置一个**活动区**，供孩子玩耍和活动。这个区域可以放置儿童玩具、画画和游戏的材料等，同时在周围设置保护设施，如围栏和柔软的地垫，以确保年幼孩子的安全，并促进与孩子的互动和陪伴。

另外，可以设置一个**休息区**，专门用于休息。当孩子感到疲惫或心情不好时，可以在这个区域休息。可以放置一些幽默搞笑的书籍、游戏道具或放松宣泄类的物品。

还可以设置**交流空间**。在家庭环境中设置一些共享设施，如家庭影院或家庭茶歇区，让家庭成员可以一起享受这些设施。比如在客厅或餐厅等区域，让家庭成员可以邀请朋友或亲戚来家中进行聚会或活动。这样可以促进家庭成员之间的交流和社交能力，同时也可以增强家庭成员之间的联系。

在家庭中，尤其是在城市中，还有一个区域可能被忽视了，也就是**敬畏区**，用来安放祖先的牌位。在过年和节日时，我们要向祖先膜拜，让孩子感受到我们生命的传承，意识到我们生命系统的广阔和庄严。这样可以培养孩子的敬畏之心，让他们懂得感恩和谦虚，不自负，也不会目中无人。

国学大师曾仕强在家庭教育中善用祖先敬畏法——当孩子犯错时，他会引导孩子在祖先牌位前反思，借助家族文化的力量唤醒孩子的责任意识，用祖先的力量来教育孩子，这是一种非常高明的做法。

布置孩子的房间

关于孩子的房间，可以和孩子一起参与布置，让孩子对自己的房间有更多的参与感。比如，在房间里可以放置一个地球仪或挂图，以扩大孩子的全局视野。

在书桌上或旁边，可以配备一个书架，放置一些孩子喜欢的书籍；墙壁上可以挂上孩子的一些作品或获奖证书等，让孩子经常看到自己取得的成功，增强孩子的自我价值感；墙上或桌子上放置一个时钟，让孩子感受时间的宝贵；还可以放置一些名人的照片或雕塑，作为榜样人物的激励；还可以在书桌上放置一张全家福合影，让孩子感受到家庭的幸福。

我们家孩子的房间墙上挂着一幅画，上面是他们姐弟俩的手印和脚印，取名为"手足情深"。希望他们珍惜姐弟情谊，相互爱护和帮助，重视家庭关系和互相支持。

因此，在家庭中，要学会打造一个良好的硬环境，根据孩子的个性和特点，有针对性地在家居环境中进行建设，悄然地促进孩子的身心健康。

▶ 家庭软环境建设 ◀

家庭软环境建设，即在精神层面上为孩子创造一个良好的家庭氛围。

我在服务一个家庭教育公益项目时，有一位家长向我寻求帮助。她的孩子是一个上小学四年级的男孩，基本上每天晚饭后就要离开家，到很晚才回家。每次家长都需要花很长时间才能找到他，有一次晚上快到十二点了还没回家，父母非常着急，后来在麦当劳找到了孩子，找到的时候孩子已在麦当劳的餐桌上睡着了。家长非常无奈，不明白为什么孩子不愿意回家。

后来我与孩子谈心，孩子说，他觉得家里很冷清，而且自己比较好动，每次一动就会被父母责骂，因此他不想回家，宁愿待在外面。

后来，我与父母做了交谈，让他们了解到孩子的内心感受，探讨了如何增加亲子之间的情感交流及如何营造良好的家庭氛围，鼓励他们和孩子进行深入的交流。这个公益项目结束后我对这个家庭进行了回访，妈妈告诉我孩子渐渐地不再往外跑了。

通过这个案例，我们看到家庭软环境建设对孩子的成长至关重要。通过倾听孩子的心声，并在家庭中创造亲子交流机会，改善家庭氛围，增进亲子关系，从而帮助孩子建立安全感和归属感。这样的软环境建设对孩子的情感发展和心理健康具有积极的影响。

那么，如何建设好一个家庭的软环境？可以从以下四个方面来实行。它们是共建家庭梦想、营造家庭氛围、制定家庭规则和使用家庭会议，下面我们具体来看看这四部分如何操作。

共建家庭愿景

目标是指引一个人前进的动力。

一个家庭有共同的目标和愿景时，家庭成员之间的凝聚力就会增强。举个例子，有些父母会寻求自己父母的帮助来照顾孩子，而往往老人家会溺爱孩子，为此相处久了可能会出现一些矛盾。老人家会说："我帮你们带孩子，又没有得到什么好处，还经常被你们说，这样还不如回老家轻松地过自己的生活。"

如果了解老人家的心愿和需求，比如想去哪里游玩，想要达成某个心愿等，并为这些心愿目标做个计划一起去实现，家庭也就有共同的方向和动力，家庭中的一些纷争也会随之减少或消弭。

那么，怎么建设家庭愿景呢？可以参考以下的流程。

建设家庭愿景

步骤	内容
①讨论家庭愿景	家庭成员写下个人的心愿目标，每人十个以上，选出五至十个大家共同喜欢的愿景和目标
②制定家庭计划	家庭成员一起制定计划来实现这些共同的目标和愿景，制定实现计划的时间表和具体步骤，家庭成员根据自身能力和兴趣分担任务和责任
③激励家庭成员	家长鼓励和表扬孩子的努力和成就，家庭成员互相鼓励和支持，建立正能量的家庭氛围
④反思和调整	定期召开家庭会议，讨论进展和问题，根据需要调整计划和步骤

营造家庭氛围

家庭成员之间要互相支持、鼓励和理解，营造一个积极向上的氛围。让家庭成员感受到彼此的爱和温暖，增强家庭的凝聚力和稳定性。那么，如何建立积极的家庭氛围呢？

◎ **家庭成员互相尊重和积极表达**。尊重是建立良好家庭氛围的基石，家庭成员应该互相尊重彼此的个性、爱好和需求，鼓励表达感受和想法，促进情感交流和沟通。

◎ **创造积极的家庭氛围**。家庭成员应该创造积极的家庭氛围，家庭成员可以通过共同活动分享彼此的快乐和成就，用相互赞美等方式创造积极氛围。

◎ **关注家庭成员的成长**。家庭成员应该关注彼此的个人成长和发展，可以通过支持、鼓励和提供资源来帮助彼此实现自己的愿景和目标。

◎ **建设好家庭文化**。建设家庭文化，可以让家庭成员更有归属感和认同感，也可以让家庭有更和谐的教育氛围。家庭成员可以共同制定一些家庭活动，例如家庭聚餐、家庭仪式、制定家庭规则等，来增强家庭的凝聚力和稳定性。

心理学家岳晓东讲他在哈佛大学求学的经历，他说他的导师倡导炉边学习法，就是导师每天晚饭后，会留一个小时的家庭交流时间。导师通常会让他的孩子各自汇报这一天发生的事情，特别是冲突事情，然后每个人提出自己的看法，并分析怎样可以做得更好，他会鼓励孩子先说，自己在最后做总结。

他导师把这种家庭文化用到教学中来，他的教学方式对培养学生的独立思考和解决问题能力，也起到了很大的作用。

我家曾制定一个每周五晚八点关灯一小时的规则，执行过一段时间，感觉很好。在那一个小时里，我和家人之间有了很多的交流和沟通，有了更多可以专注的时间。这些家庭文化都可以潜移默化地影响孩子的成长。

制定家庭规则

制定家规是家庭软环境建设的一项重要任务，家规是指家庭成员在共同生活中遵守的规范和标准，可以帮助家庭成员了解自己应该如何行动、如何与他人相处，也可以提高家庭成员的自我管理和自律能力。那么，如何来制定家规呢？以下是家庭规则制定的步骤。

如何制定家庭规则

步骤	内容
① 参与制定	所有家庭成员参与制定家规，让每个人了解和理解家规，使家规更加公平和合理
② 确定范围	确定家规的范围和内容，包括作息时间、用餐规范、家务分工、孩子学习等
③ 实施家规	逐步实施家规，评估和调整家规，确保家规的有效性和可持续性
④ 奖罚处理	处理违规行为，根据家规进行警告、批评、惩罚等。同时对做得好的成员给予奖励
⑤ 定期总结	检查和调整家庭规则，适应家庭成员的变化和需求，随着孩子成长，相应调整规则

另外，制定家庭规则时需要注意以下几点。

◎ **避免过多。** 制定过多的规则可能会让家庭成员感到受束缚和不自由，同时也可能让规则失去效力。

◎ **符合现实。** 避免制定过于苛刻的规则，过于苛刻的规则可能会导致家庭成员不满和抵触，规则不要过于理想化和难以实现。

◎ **规则具体。** 规则避免太过宽泛和模糊。例如规定孩子晚上十一点之前睡觉，而不是规定孩子按时睡觉。

◎ **符合年龄。** 不同年龄段的家庭成员有不同的需求和能力，因此需要考虑到不同年龄段的差异，制定相应的规则。

◎ **以身作则**。家庭成员需要以身作则，遵守制定的规则，不仅仅是为了让规则得到执行，更是为了给孩子树立良好的榜样和引导。

国有国法，家有家规，制定家规不是一件容易的事情，需要家庭成员共同努力和配合。在制定家规的过程中，家庭成员需要保持沟通和理解，尊重彼此的意见和需求，才能让家规更加有效、公正和合理。

使用家庭会议

推进家庭软环境建设，一个好的工具就是家庭会议。家庭会议是家庭成员定期聚会讨论家庭事务、分享心情和想法的重要方式。一个良好的家庭会议可以帮助家庭成员更好地了解彼此的想法和需求，讨论家庭中碰到的问题。

那么，要想成功开展家庭会议，一般可以采用如下步骤。

开展家庭会议步骤

步骤	内容	备注
① 时间和地点	计划会议时间和地点，确保所有家庭成员能参加，准备所需的道具和布置	可以买些点心、糖果、零食等，家里布置得温馨一些
② 制定议程	共同制定议程和议题，确定要讨论的议题、时间分配和角色分工，确保会议高效和有针对性	比如说这次家庭会议，谁来做主持，谁来做记录，主持就是把握整个会议流程，记录就是记录会议的核心内容，一般主要有这两个角色即可。可以轮流担任，比如说这次是爸爸，下次是妈妈，再下次是孩子等，让大家都有参与感，同时也可以调动大家的积极性

步骤	内容	备注
③ 开场和 致谢	主持人进行主持和分享，进行家庭游戏增加欢乐氛围，引导家庭成员表达感谢和表扬	会议开始前，主持人可以先进行开场白，欢迎家庭成员的到来并分享一下家庭近期的生活情况，尽量地往好的方面说，增加家庭成员之间的交流和联系。开场的时候也可以先玩个家庭游戏，比如玩几轮报数游戏，比如蒙上眼睛原地转三圈再找回自己的位置等，让家庭充满欢乐。 然后主持人引导家庭成员先表达感谢，比如父母可以表扬孩子最近一些好的行为，感谢伴侣在生活上的照顾，感谢家里老人接送孩子上学放学等。当人得到表扬的时候感觉就会更好。 家庭会议建议不要一开始就说事，尤其是不好的事情，把会议开得苦大仇深似的，让人感觉就是一个批斗会，那下次就不会想参加了
④ 讨论议题	依次讨论制定的议题，并确保每个家庭成员都有发言机会，注意言辞得体和相互尊重	比如这星期以来你的收获是什么？你觉得需要提升的是什么？让每个人自己说，特别是让孩子自己说出来，然后大家给他一些建议，孩子就不会觉得是在批评他，而是在帮助他。这个感觉很重要。每个人都可以谈谈自己，也给其他家庭成员发表自己的想法和建议
⑤ 行动计划	共同制定家庭行动计划，确保计划的执行	在讨论完各个议题后，家庭成员可以讨论接下来的行动计划，包括家庭活动、家庭规则、各自责任等，以成功执行为目标
⑥ 总结和 结束会议	总结讨论内容和结果，对会议表现给予反馈，确定下一次会议的时间和地点等	在会议结束前，需要对会议的讨论内容和结果进行总结，对大家在会议上的表现给予肯定与鼓励，以便后续跟进和执行。同时，还需要确定下一次会议的时间和地点，以便下一次会议的顺利进行，最后，家庭成员在会议记录页上签上自己的名字。

养育有解：智慧养育的五个维度

通过开展家庭会议，可以促进家庭成员之间的交流和联系，共同制定家庭目标和计划，提高家庭的生活质量。家庭会议提供了一个正式友好的方式，也让孩子感觉到民主与平等，同时也激发孩子的参与感，从而更好地促进家庭软环境的建设。

冰心说："一个美好的家庭，乃是一切幸福和力量的根源。"

④
学校：全面发展的培养舱

　　学校环境对孩子的成长至关重要。孩子在求学的阶段有很多时间都在学校里，因此，要充分利用学校环境中的资源，比如学校里的硬件设施、社团资源、同学和老师的资源等。学校环境帮助孩子获得知识、技能和经验，提高学习能力和综合素质，同时也会对孩子的心理、情感和人格发展产生深远的影响。

　　一个优质的学校环境不仅仅是由建筑物和学生组成的简单结合，它还承载着激发学生对学习、生活和人生热爱的重要使命。

　　有一段时间，我家孩子对学校的纸艺社团很感兴趣，但是名额不够，没有报上名，我和班主任沟通，主动让孩子把自己这方面的优势展示出来，后来班主任和纸艺社团的老师沟通后，孩子得以通过。这就是利用了学校的资源来发展孩子的兴趣爱好。

　　在我给儿童青少年做心理辅导的时候，有时候需要学校老师的配合，我会鼓励家长和学校老师沟通，一起配合支持孩子的成长做一些工作，从而帮到这个孩子，通常老师也会积极配合。所以，作为家长要学会与学校老师建立积极的关系，主动参加家长会或者学校的活动，让孩子在学校环境中良好成长。

　　学校是孩子离开家庭的第一个社会环境，重要性不言而喻。如果说孩子在家里面对的是几个人，那么来到学校面对的就是一群人。安全感、归属感和价值感是孩子成长的基石。如果在这个环境里总觉得不安全，比如被同学欺负、同学们不喜欢和他交往、成绩不好被老师讨厌、在班级也没有被认可等，这个孩子能在学校坚持多久？

在我辅导的厌学和抑郁的孩子中，许多都表示在学校感到被孤立、得不到认可，自我价值感较低。

记得有个孩子初二辍学、蜗居在家，每天把自己关在房间。为此家长不知如何是好，和孩子的关系也降到了冰点，对孩子也失去了信心。我在给家长辅导时得知孩子和小学的一个同学关系很好，就建议家长找那个小学同学的父母联系沟通。没想到孩子有一天竟然破天荒地出了门和那个同学去见面了，这让家长对孩子重新有了信心。

这些都是很好地利用了学校环境资源的例子，那么，怎么用好学校环境为孩子赋能呢？

▶ 学校是获取知识的主要场所 ◀

学校提供了各种课程和教学资源，为孩子搭建了一个系统、全面、科学的学习平台。在学校里，孩子可以接触到各种学科知识，掌握必要的学习技能和方法，从而开阔视野，增长知识，培养综合素质。

学校的教学资源非常丰富，包括图书馆、实验室、艺术室、运动馆等各种设施和资源。这些资源可以提供更多的学习机会和学习体验，让孩子在学习中更加充实。比如，图书馆提供了丰富的阅读材料，让孩子有更多的机会接触不同类型和风格的书籍，从中汲取知识。实验室提供了科学实验和探索的场所，让孩子亲身体验科学的神奇和探索的乐趣。

学校的教学不仅仅是书本知识的传授，还包括各种体验式教学和活动式教学。例如，学校会组织各种课外活动、社团组织、竞赛比赛等，帮助孩子发展自己的兴趣爱好，锻炼自己的领导能力和团队合作精神，让孩子参与到实践中，增长实践经验和交际能力。学校也会组织各种文化艺术活动，如文艺汇演、音乐会等，让孩子在学习中感受到美的力量，增强审美能力和文化素养。

有些学校还引入了生涯教育，生涯教育旨在帮助学生了解自己、探索职业世界、发展生活技能、规划和管理自我方面发挥重要作用。

这些都是孩子在家庭里学不到的。所以，一定要鼓励孩子参加学校组织的各种活动，用好学校里的这些资源。

▶ 学校能深刻影响心理和情感的成长 ◀

学校是孩子们交往的主要场所之一，孩子在学校里结交朋友、认识同学，建立自己的社交网络。学校也是孩子面对挑战和困难时的支持来源之一，老师和同学们的支持和鼓励可以帮助孩子克服困难和挑战，增强自信心和勇气。

优秀的教师团队也可以帮助孩子提高心理韧性。教师可以通过丰富的课堂教学、学生会组织等多种形式，关爱学生，帮助学生培养自信心、领导力和团队合作精神，从而完善学生的心理情感发展。

我在给青少年做心理辅导的过程中，经常会听到他们述说在学校遭受的心理伤害。有个学生因为没有答对老师提出的问题，而被罚站了一节课。想象一下，孩子孤零零地站在座位上，全班人的目光都时不时聚焦在他身上，那是一种怎样的感受？这样的惩罚措施，真的会让他更加热爱学习吗？

还有个孩子，到了青春期，对同班的一个异性产生了朦胧的爱恋。班主任得知此事后，非但没有给予理解和引导，反而采取了极端措施，联合班上的一些班干部去孤立这个孩子，试图迫使他们分开。虽然班主任的初衷可能是好的，希望孩子不要因过早的爱恋而影响学业，但这种简单粗暴的处理方式显然是欠妥的。

不妥的处理方式可能对孩子的心理造成深远的伤害，孩子可能会感到被孤立、背叛，甚至对自己的情感产生怀疑和否定。对于那些心理较为脆弱的孩子来说，这种经历可能会成为他们心中难以磨灭的阴影，导致他们开始恐惧学校，害怕上学，进而影响到他们的学习和成长。

因此，学校要重视教师的心理健康建设。一个情绪不稳定、对学生心理缺少理解的教师，是难以适应现代学生多样化、复杂化的教学现状的。他们可能无法有效地与学生沟通，更难以引导学生积极面对学习和生活中的挑战。

当前许多学校仍然过度聚焦于学业考试，而对孩子的心理和情感教育投入不足。这种单一的评价体系导致学生、家长乃至整个社会都将学习成绩和能否考入名校视为衡量个人成功与否的唯一标准。然而，我们必须认识到，学习成绩只是评价学生综合素质的一个方面，它并不能全面反映一个学生的能力和价值。

在这种环境下，大部分学生由于无法达到这个"成功"的标准，可能会陷入自我否定的状态，产生自卑、焦虑、抑郁等心理问题。他们也许会怀疑自己的能力和价值，对未来失去信心，甚至对学习产生抵触情绪。这些心理问题不仅会影响学生的身心健康，还会进一步阻碍他们的成长和发展。

因此，为了促进孩子的全面发展，我们需要重新定义成功的概念，摒弃那种以学业成绩衡量成功的单一标准。每个孩子都是独一无二的，他们拥有各自独特的个性特质、兴趣爱好和优势才华。一个好的老师应当具备敏锐的洞察力，善于发现并捕捉孩子的独特优势，从而助力他们成长与发展。

电影《半碗村传奇》里，老师发现了孩子的数学天分，为了不埋没人才，拼尽全力支持孩子发挥天赋。最终孩子取得成功，看完让人很是感动。

在这方面，老师相比父母往往更具有优势。他们不仅拥有专业的教育背景和丰富的教学经验，能够更准确地评估孩子的潜力和发展方向，还掌握着更多的教育资源和机会，能够为孩子提供更广阔的成长舞台。

▶ 学校是影响性格和人格发展的关键因素 ◀

学校是一种有目的、有计划地向学生施加影响的教育场所，学校里的各种规章制度、师生关系、学习价值观等，都会对孩子的人格发展产生影响。好的学校环境可以促进孩子的道德和价值观念的形成，增强他们的自我认知和自我约束能力，培养他们的责任感和公民意识，为他们的未来成长和发展打下坚实的基础。

教师对学生人格的发展具有指导定向的作用，教师的言传身教对学生有非常大的影响。比如学校采用传统的教学方式，注重教师的讲授，容易导致孩子变得被动和消极；如果学校采用探究式的教育模式，鼓励学生主动探索和发现，会培养孩子的好奇心和创造力，有利于孩子的性格和人格发展。

朱永新教授在他的《未来学校》一书中提到的人机教育大赛

案例，为我们展示了教育领域人工智能技术的迅猛发展以及其对传统教学模式的挑战。在这个案例中，智能机器人凭借其强大的数据处理能力、精准的学习分析能力以及个性化的教学反馈，在为期四天的数学课程辅导中全面超越了拥有丰富教学经验的高级教师。

这一结果不仅令人震惊，也引发了我们对未来教育模式的深刻思考。它表明，随着科技的进步，人工智能为教学带来了前所未有的变革，在教育领域的应用将越来越广泛。智能机器人能够根据学生的学习情况实时调整教学策略，提供个性化的学习资源和反馈，从而帮助学生更高效地学习。

因此，面对人工智能技术的迅猛发展及其在教育领域的广泛应用，作为教师应当积极适应这一变化，努力提升自我，才能更好地履行这个时代赋予的教育使命。具体而言，教师应当学会做那些人工智能还无法替代的事情，如深入的情感交流、个性化的关怀与引导、创新思维的培养等。

同时，教师还应积极学习和掌握人工智能技术，学会将其有效地融入教学过程中，以提升教学效率和质量。通过利用人工智能的数据分析、智能推荐等功能，教师可以更加精准地了解学生的学习状况和需求，为他们提供更加个性化的学习资源和支持。

2015 年世界教育创新大会的调查结果进一步印证了未来教师角色的转变趋势。全球教育家普遍认为，未来的教师将不再是单纯的知识传授者，而成为学生成长的指导者和陪伴者。这一角色转变要求教师必须更加注重与学生的情感沟通，关注学生的内心世界和成长需求；必须更加敏锐地发现问题、解决问题，为学生提供及时有效的帮助和支持；同时，还要关注学生的内在成长，激发他们的潜能和创造力，让他们在学习过程中获得成就感和自信心。

学校的师生关系对孩子的性格和人格发展也有很大影响。良好的师生关系可以培养孩子的信任感和合作精神，使孩子尊重他人；而师生关系紧张或教师态度不友善则可能让孩子感到沮丧、失望和无助。

学校是同龄群体会聚的场所，同伴群体对学生人格具有巨大的影响。班集体作为学校的基本团体组织，不仅是孩子们学习知识的场所，更是他们形成自我认知、发展社交技能和塑造人格的重要环境。在班集体中，学生通过与同学的相处，学会了如何与人合作、如何处理冲突、如何表达自己的想法和感受。这些经验对于他们的人格发展具有深远的影响。

相对幼童来说，离开父母或被父母拒绝是他们焦虑的最大根源，而青少年时期的孩子在心理上经历了显著的变化，他们开始更加关注自己在同伴群体中的地位和认同感，因此，同辈团体的拒绝成为他们焦虑不安的主要来源。当青少年感到被同伴排斥或不被接受时，他们可能会感到孤独、沮丧甚至自卑，这些负面情绪会进一步影响他们的心理健康和人格发展。

美国心理学家朱迪斯·哈里斯在她的《教养的迷思》中强调了同辈群体在孩子社会化过程中的重要作用，哈里斯认为，尽管家庭是孩子成长的起点，但孩子一旦进入学校和社会，同辈群体的影响便逐渐凸显出来。

同辈群体不仅为孩子提供了模仿和学习的对象，还通过共同的价值观、行为规范和社交规则来塑造孩子的个性和行为方式。在这个过程中，孩子会不断地调整自己的言行举止，以适应同辈群体的期望和要求，这种适应过程对于孩子的人格形成和社会化具有决定性的作用。

另外，学校的硬环境也对学生有一定的影响。我去过一所学

养育有解：智慧养育的五个维度

校，教学楼的各个楼梯间的墙壁上都书写着当地的历史文化、名人典故等，每个教室的门口墙上都是全国和世界名人的介绍，潜移默化地传递给孩子榜样的力量，使孩子在成长过程中更加关注社会、关注历史、关注人类文明的传承。

学校自然环境优美，有花草树木衬托，对孩子的减压放松也是有利的，当然这方面是要根据学校的条件来设置。

所以，家长可以关注孩子所在学校的文化和价值观、教学方式和教育模式，学校的氛围、同伴关系和硬件环境，选择适合孩子的学校，促进孩子的健康成长。同时，家长也可以与孩子沟通，帮助孩子理解学校环境对其成长的影响。此外，家长也应该积极参与学校的教育活动，了解孩子在学校里的表现和需要，与教师保持沟通，共同关注孩子的学习和成长，这也有助于促进家长和孩子之间的交流和互动。

⑤

社会：在广阔的世界里成长

一个孩子的成长环境，除了家庭环境和学校环境，还有就是更为广阔的社会环境，我们要学会在社会环境里发现更多的资源，促进孩子的成长。

本节中的社会环境指的是家庭与学校之外的公共空间，包括社会资源、文化价值观、自然环境和数字媒体等。

▶ 社会环境中的各类资源 ◀

社会环境中有着各种各样的学习资源。例如图书馆、博物馆、科技展览馆、音乐馆、美术馆等，这些都可以为孩子提供各种丰富的学习机会，帮助他们拓宽知识面和视野。还有各类公园、山地、田园、海滩等自然环境，把孩子带出去走走，到大自然中去感受山川河流之美，去感受大自然孕育的勃勃生机。

> 我曾经给政府做一个幼儿家庭教养调研的项目，选择上中下三个经济阶层家庭，去看不同阶层的家庭教养的情况，有一个现象给我留下深刻印象，就是我发现社会环境对一个

养育有解：智慧养育的五个维度

孩子的影响不容忽视。

在一些经济较差的家庭，家庭环境、父母的文化水平各方面来看都不太好，大部分都是租住的房子，全家人只能在一个单间里生活。即便是这样的生活条件，只要这个家庭利用好了社会环境，同样也可以培养乐观积极的孩子。

有几个家庭就是这样，孩子早上一起来吃完饭，家里老人就把孩子带到旁边的一个公园里去玩，中午回来吃完饭休息好后又带出去，晚上父母下班回家后又把孩子带到社区的广场上去玩。对孩子来讲，清醒的时候大部分都是在社会广阔的环境中度过，当我们到这样的家庭观察孩子，发现这些孩子很有活力，也不怕生，积极主动地参与项目的一些测试。

相反，有些经济条件较好的家庭中，孩子非常怕生、比较自我，甚至在参与测试环节时也表现出不配合的态度。这样的家庭往往很少把孩子带出去玩，父母都比较忙，没有时间陪伴孩子，大多是交给家里保姆带。孩子很多时候就是自己玩一堆的玩具，然后看些动画片，没有参加太多的人际交往活动，在自己的家庭里时间比较多。虽然家里空间大，但是孩子缺少和自然及人群的交流互动，孩子的发展反而受到了影响。

社会环境中有着不同的文化和道德观念等，这些都会对一个人的价值观产生影响，社会环境中的正面价值观可以帮助孩子树立正确的人生观和价值观。像有些地方重男轻女思想很严重，如果在这样的环境中生活，就会被这样的文化所影响，从而慢慢地认同，自己慢慢地也变成了那样的人。

第二章 环境资源：重塑孩子的成长生态

社会环境里，我们生活的社区环境也很重要。我们所处的社区是否安全、是否治安到位、是否有公共设施和文化资源等都会对孩子的生活质量和学习环境产生影响。

在我居住的社区里有社区图书馆、自习室、社区综合服务中心、社区广场、户外健身活动场地、公益琴房、篮球场、乒乓球馆等不同功能的场地。学生放学了或业余时间可以到图书馆或自习室看书写字，社区综合服务中心经常举办各种有益家庭和孩子的活动，促进孩子们的相互交流和学习。社区广场、健身中心是老年人健身活动的阵地，还为爱好弹琴、打乒乓球、打篮球等群体提供活动场地，这些都是社区的资源，可以为孩子提供良好的成长机会。

▶ 不可忽视的数字媒体环境 ◀

在社会环境中，随着互联网科技的不断进步，各种媒体、影视、网络游戏等不仅为孩子提供了海量的信息，也带来了不容忽视的负面影响。

2021 年，中国科学院心理研究所发布的《中国国民心理健康报告（2019—2020）》显示，我国青少年抑郁检出率高达 24.6%。此外，《2024 年儿童青少年抑郁治疗与康复痛点调研报告》揭示，被诊断为情绪障碍的青少年首次确诊的平均年龄为 13.41 岁，且超过三成的患者至少共患有一种其他心理疾病。在我们心理咨询辅导中心，青少年心理问题的占比也高达 50% 左右。

上述数据的背后，我们观察到一个趋势：青少年的心理问题逐渐增多，这背后似乎有种力量在影响着这一群体的发展，而这股力量往往与我们的社会环境和时代背景也有关联。

我们从农业时代到工业时代，再到信息时代，直至如今的智能时代，社会的变迁从未停歇。然而，无论时代如何更迭，有一个核心问题始终未变：那就是人在社会这个大舞台上如何找到自己的位置，实现自己的价值，获得存在感，这是我们追求的生活意义。

看看现在的孩子们，有多少曾经参与过农活？当然，如今农村劳动的机会确实不多了。又有多少孩子会主动帮助家里做家务？放假时，有多少孩子会考虑去做些兼职或参与实践活动来赚钱？现在的孩子们大多在精致的环境中成长，放假空闲时，他们更多想到的是父母能带他们去哪里旅游，去哪里吃喝玩乐。这样的生活方式，让孩子们难以找到自我价值和存在意义。相反，一旦他们的需求没有得到满足，就会各种闹腾，让父母头疼不已。

在学校，有多少学生是真正主动地在学习？有多少孩子怀揣着梦想？我曾去过幼儿园、小学和中学给孩子们授课，发现了一个普遍现象：随着年龄的增长，孩子们似乎越来越不擅长提问和回答问题了。同时，当前大学生毕业后的就业率也不容乐观，面对这样的形势，孩子们如何能在社会中找到自己的位置、实现自己的价值和获得存在感呢？网络似乎成为了他们寻求价值和归属感的不二选择。

过度的网络使用又严重影响孩子的学业和社交能力。尤其是当前许多网络游戏和短视频千方百计地吸引孩子的注意力，这无疑对孩子的学习和生活产生了负面影响。

渐渐地，孩子变得过度依赖网络社交，导致他们在处理真实社会中的人际关系时显得力不从心，甚至不愿意参与现实社会的活动。这种网络社会化的趋势使得他们对现实世界的感受能力逐渐降低，即便被带到风景如画的地方，他们也可能毫无感觉。

第二章　环境资源：重塑孩子的成长生态

再加上现在的孩子大多没有真实体验过生活的苦难，过度精致养育使他们一旦遭遇些许挫败就容易退缩，这进而引发了一系列关于学业和社会适应的问题，如厌学、拒学和躺平现象。

从这个意义上来讲，现代孩子所面临的问题，不仅仅是孩子及其家庭的问题，也与社会的发展、时代的变迁息息相关。

因此，我们应引导孩子合理使用电子产品，学会辨别资讯的好坏，搜索并利用对自己有益的资源。同时，加强自我管理能力的训练，培养多样化的兴趣爱好，并鼓励他们参与积极、有意义的社会活动。我们要想方设法让孩子更多地融入社会，增加与真实世界的接触，让他们与同龄、志同道合的伙伴建立交往。

此外，我们应教会孩子面对并承受一定的困难和挑战，以锻炼他们的自立能力，而不是代替他们成长。创造机会让孩子参与到社会活动中，让孩子融入社会，亲身体验社会，亲眼看到社会真实的样子。在真实的社会环境中，孩子们需要学会付出，去观察不同的人事物，甚至尝试通过自己的劳动来获取报酬，体验一定的艰辛。这样，孩子才能在社会中找到自己的位置，体会到自己的价值和存在感，从而得以全面、健康地成长。

练习 3

一张表梳理你的环境资源

从四大环境着手，在表格中梳理一下你身边的环境资源。

环境资源总结表

环境	资源
自身环境	
家庭环境	
学校环境	
社会环境	

\\ **小结** /

助力孩子成长的四大环境资源

◎ 自身环境: 指的是自身的个人技能、外貌特征、专业知识、兴趣爱好、性格特质、区别于其他人的优势特长等。

　通过了解自身环境,可以更清楚认识自己的优势和劣势,知道自己擅长什么,如何善用自己的长处,从而更好地规划学习和生活。

◎ 家庭环境: 包含家庭硬环境和家庭软环境,家庭硬环境主要包括家庭的居住环境、装饰布置;而家庭软环境主要指家庭成员之间的关系、家庭氛围、家庭的教育观念和方式等。

　通过建设好这两大环境,可以更好助力孩子的成长发展。

◎ 学校环境: 学校环境包括学校的物理设施、学校资源以及教学方法、管理方式、师资队伍、师生关系和同学关系等。

　在孩子成长的过程中,要善于利用学校的环境来促进孩子的成长发展。

◎ 社会环境: 孩子们生活在一个复杂的社会环境中,社会环境包括我们所在的自然环境、居住城市及社区、社会文化背景、社会价值观和媒体环境等。

　我们要学会在社会环境发现更多的资源,促进孩子的成长。

＼第三章／

行为行动：
用行动打破"说教瘫痪"

66 纸上得来终觉浅，绝知此事要躬行。99

——陆游

① 妈妈，我起不来

闹钟已经响了两轮，上学的时间到了。房间里，一年级的冉冉依然在被窝里睡得香。妈妈站在孩子房间门口，她心知肚明，孩子又起不来了。

妈妈喊道："冉冉，要起床了，再不起来就赶不上上学了。"然而，孩子没有什么反应。妈妈继续说："我跟你说要起床了，你怎么这么懒啊！如果你起晚了，就来不及吃早餐了，昨天就因为起来太晚而没有吃早餐。快起来了！到时迟到也不好意思啊……"

孩子只是迷迷糊糊地嘟囔了一声，仍然没有动静。妈妈意识到，如果再不起来就会迟到了，于是大声喊道："快起来，要不然我就打你了！"

孩子不情愿地睁开了眼，满脸不悦地对妈妈说："你好烦啊！"妈妈觉得很生气，不知道为何孩子这么懒，觉得自己每天都在重复同样的话，这样下去，冲突在所难免。

妈妈想起了理理师傅的话："行动比语言更有效。"

于是，妈妈决定改变策略。她来到孩子身边对孩子说："我知道我这样喊你，你可能听了不舒服。妈妈也是着急，毕竟时间到了这个点，我担心你上学会迟到啊！"

妈妈说："起来吧，我做了你喜欢吃的牛奶麦片。"说着就抱起了孩子，孩子这次没有反抗，顺利起床了。

通过"抱"这个行动而不是唠叨，妈妈成功地改变了上学前的起床氛围，不仅避免了冲突，还让孩子感受到关怀。在亲子教育中，我们常常只说而不做的例子太多了。实际上，我们所要做的是少说多做。你可以走过去喊醒孩子，如果孩子没有反应，可以摇醒他。如果孩子还是不起床，可以抱起他到客厅，或者给他挠痒痒，这样就会有效果。这就是行动，只要你采取行动，结果就会不一样。

许多家长在面对教育问题时，常陷入说教循环，却很少反思自身行动的有效性，还是一直以相同的方式来处理问题，甚至可能做出一些会使问题更加严重的事情。

② 很多问题都来自说得多而行动得少

我们先来看一个问题。

树上有 5 只鸟，其中 2 只准备飞走。请问：树上还剩下几只鸟？

A. 3 只

B. 0 只

C. 5 只

答案是 5 只。为什么呢？因为那 2 只鸟只是准备飞走，它们并没有行动。

通过这个问题我想要传达的是行动的重要性。如果我们总是纠结于准备是否充足，为了追求完美而焦虑不安，迟迟不愿采取行动，结果就还是原来的样子。所以，只有付诸实际行动，我们才能看到结果和变化。

比如，有着强迫性思维特征的个体，常因过度分析细节而陷入行动停滞。因此，在行为疗法中，实践作业是常见的方式。通过实践行动，他们会意识到事情并不像他们想象的那样。

在一次父母班的课程上，青青妈妈提出困扰她的一个问题——她的孩子在进入青春期后不喜欢出门。妈妈开始感到焦虑，担心孩

养育有解：智慧养育的五个维度

子总是封闭自己会出问题，因此她总是告诉孩子要出去活动。然而，越是这样说，孩子越不愿意出门。

我问她："当孩子不爱出门时，你做了些什么呢？"

她回答说："我告诉她不能总是待在家里，要出去。但是，她不听，每次看到孩子这样我就很生气，说了几次后她不理我，我就不想再说了，也不想管了。"

我们可以看到，她几乎没有采取什么有效的行动。

实际上，可以做的事情有很多。比如，可以让孩子和她喜欢的同学一起出去、参加她感兴趣的活动。如果是网络手机问题导致孩子不愿意出门，则要和孩子谈好规则，然后执行规则。这些都是可以采取的行动。

因此，我们应该反思自己，在面对问题时，我们做了些什么？效果如何？还有哪些更有效的行动可以尝试？这些都是可以激励我们的行为。

战国时期，秦国政治家、改革家商鞅起草好一系列新法规，在即将颁布时，为了使百姓相信法律的公信力，商鞅想出了一个好办法。

商鞅派人在国都的南门立下一根三丈长的木头，并当场宣布，凡是能将这根大木头搬到北门的，就赏十镒黄金作为奖励。大木头周边围了里三层外三层的人，都是来看热闹的。没有人相信搬一根木头就能赚十镒黄金，很多人甚至一辈子都没见过这么多钱，因此没有一个人愿意出来搬大木头。

商鞅于是说："我宣布将赏金提高到五十镒黄金。"周围的百姓像开水一样沸腾了起来，突然一位壮汉从人群里冲了出来，扛起大木头大步流星地向北门奔了过去。

　　商鞅与围观的人群跟随着壮汉的脚步，来到了北门。壮汉到了北门后，商鞅当即给了壮汉五十镒黄金，用以表明言而有信。

　　为什么那么多人不愿意去扛呢？因为他们想得太多。他们认为这可能是个陷阱，这么好的机会不可能如此简单就落到自己头上。他们想得过多，以至于忘记了行动。同时商鞅通过立木赏金的行动，而非空谈许诺，成功树立了法律的公信力。

　　还记得前面讲的新龟兔赛跑的故事吗？当兔子看到终点站上方横幅的内容时，也是想得太多而忘记了行动，从而以失败告终。

　　因此，当我们开始行动时，我们可能会发现自己的想法开始变化。我们可能会看到一些新的事物，会从不同的角度看待问题。这些新的想法可能会改变我们的计划，但这并不是坏事。实际上，这是在行动中发现新机会和创造更多可能性的良好方式。

　　每一次行动都会有一个结果，无论是好是坏。如果我们获得了好的结果，我们会受到激励和鼓舞；如果我们获得了不好的结果，我们也能够得到经验和教训。这些经验和教训可以帮助我们更好地准备下一次行动，更好地应对未来的挑战。

③

不仅要去做，还要做得有效

　　不知你是否注意到一个现象，我们经常无意识地在重复做一些无效的事情。这在亲子家教中尤为明显。例如，当孩子在写作业时，我们反复告诉自己不要对孩子大喊大叫，但面对孩子总是作业做错、无法专注的时候，我们还是无法控制自己的情绪。

　　你可能会发现，我们每天都在使用相似的方式和方法来教导孩子。倩倩爸爸就碰到这个问题。四年级的孩子放学回家就开始做作业，做到晚上快 11 点了都没做完。倩倩爸爸自己都快要崩溃了，实在不明白为何孩子会做得这么慢，题目也不难，但就是磨磨蹭蹭到那么晚。

　　经过和倩倩爸爸的沟通发现，爸爸就是说得太多了。孩子一不会做就说孩子不行，搞得孩子很紧张，于是做题就更容易出错。本来还会做的题目，因为紧张也不会做了。然后爸爸看到孩子这样，就更生气地指责孩子，结果双方都感到疲惫，而且没有效果。那么如何做才能更有效呢？

　　我问倩倩爸爸："孩子现在这样，你都做了些什么？"

　　倩倩爸爸想了想回答说："每天就这样，好像也没有什么效果。"

我继续问道："那怎么做才能更有效果呢？"

爸爸想了想，摇摇头说："不知道啊！"

我问道："孩子以前有没有很快完成作业的情况？"

爸爸说："也有，但不是很多，孩子得到一些好处的时候就完成得快些。比如完成了就有零食的奖励、可以玩一会游戏等。"

我说："看起来给一些奖励会有效果，还有其他的吗？比如孩子心情好的时候？"

爸爸答："是的，心情好、开心的时候会更快一些。"

我接着问道："那怎样才能让孩子心情更好呢？"

爸爸答："好像是拿到她想要的东西，好吃的、好玩的，还有得到了老师的表扬。"

通过以上对话，我们可以总结出几种有效的方法来提高倩倩做作业的效率。首先，减少批评，用鼓励和支持的方式与孩子交流；其次，设立奖励机制，奖励孩子喜欢的东西或活动；最后，还可以关注孩子的心情，让孩子感到愉快和满足。

于是爸爸立即采取行动，与孩子进行了沟通，并制订了一个计划。他们约定了在特定时间完成作业后可以获得奖励。同时，爸爸也改变了自己过分关注孩子缺点的习惯，他写了一张纸条贴在墙上，提醒自己保持情绪稳定，多看孩子的优点。

这些改变带来了积极的反馈，孩子完成作业的速度比以前快了很多。

因此，当我们面临问题时，问以下五个问题可以使我们行动更加有效。

◎ 你想要解决的问题是什么？

◎ 解决这个问题对你有什么价值？

养育有解：智慧养育的五个维度

◎　你已经采取了哪些行动？这些行动产生了什么效果？

◎　还有什么其他方法可以更有效地解决问题？

◎　你打算如何行动起来？

通过提出和反思这些问题，我们可以更清晰地了解问题的本质和目标，评估已经采取的行动，并思考更有效的方法来解决问题。这种有目的的行动将增加我们成功解决问题的可能性。

④

五种方法养出行动派孩子

▶ 是什么阻碍了行动 ◀

要让孩子成为行动派，首先我们需要了解孩子为什么不愿行动。以下是常见阻碍孩子行动的原因。

第一，说得过多。过多而无效的语言会让对方感到疲惫和无聊，甚至导致沟通障碍、误解和矛盾加剧。在与孩子交流时，我们应该注重言简意赅，避免使用废话和空话，让语言更加精准、有力和易于理解。

第二，有压力。孩子在面对有挑战的任务时会感到压力，害怕失败或失去信心。这些压力会让他们感到疲惫、无助和沮丧，导致他们缺乏行动的动力。作为家长，我们应该给予孩子适当的支持和鼓励，制定合理的目标和计划，帮助他们面对挑战并克服压力。例如，我们要求孩子制订学习计划，但许多孩子不愿意，因为他们害怕失败或无法实现计划。因此，他们选择不去做，以避免面对这种压力。

第三，没有价值。如果孩子认为做的这件事情没有意义和价值，他们就会缺乏动力去完成。我们应该帮助孩子发现做这件事情的意义和价值，让他们能够理解和认同，从而激发他们的动力和行动。

第四，缺乏支持。当孩子遇到困难、缺乏支持时，容易产生无助感，会感到无法解决问题，更可能选择退缩而不是采取行动。

第五，缺乏梦想和目标。当一个人缺乏方向和目标时，就会变得迷茫，这可能导致他在行动时犹豫不决和无所适从。这时候，孩子往往不知道该朝着什么方向前进，也不知道该做什么才能达成自己的目标。只有当知道自己想要什么，并且为之奋斗时，才能克服恐惧和迷茫，积极行动起来。

▶ 让孩子成为行动派 ◀

通过了解以上这些阻碍孩子行动的原因，我们就可以采取相应的措施来帮助孩子成为行动派。这包括有效沟通、消除压力、强调意义和价值、提供支持以及激发梦想和目标。

有效沟通

为了提高沟通效果，需要注意说话的内容和方式。说话应该尽量简洁有力，避免啰唆和废话。学会总结和记录自己的日常对话，比如可以使用日记本，记录每天的交流内容并询问家人对自己的话语是否喜欢。通过这种方式，我们可以更好地觉察自己说了多少有效和无效的话语，以更好地了解自己说话的习惯和风格，从而有针对性地提升自己的沟通能力、说服力和影响力。

消除压力

当要行动的时候提前和孩子沟通，做得好与不好都没有关系，即便失败了也可以，成功了我们欢庆，没有成功我们总结经验，下次可以做得更好。

当孩子做得不好或者失败的时候不数落孩子，同时也要和家人沟通好，不要嘲讽孩子的失败，从而影响孩子的行动力。

引导孩子学会从微行为开始，先做出一点点改变，让自己有可以做到的信心。这种感觉很重要，再慢慢地增加难度，化解孩子前进的压力。

强调意义与价值

要让孩子看到行动可以带给自己的好处有哪些，并理解孩子在乎的价值和需求是什么。

孩子在乎的价值有物质方面，物质方面往往比较直接，也可以用钱来满足；还有精神方面，这种内在价值感往往对人的影响更为深远。

那么，如何知道孩子到底在乎的是什么呢？如果你不确定孩子到底在乎的是什么，可以尝试与孩子沟通并询问以下三个问题。

①你喜欢什么？

②它带给你的好处是什么？

③为何这份好处对你这么重要？

例如，一个孩子喜欢打游戏。

你问他："游戏带给你的好处是什么？"

他回答："很快乐和刺激啊！"

你继续问："为何快乐、刺激对你这么重要？"

孩子想了想答："因为平时生活很无聊，很压抑啊。"

所以，这个孩子打游戏希望获得的价值是快乐和充实。

再举例，一个早恋的孩子。

你问她："你最喜欢他什么？"

她说："我喜欢和他在一起。"

你继续问："和他在一起带给你的好处是什么？"

她说："感觉自己被爱、被保护。"

你进一步问："为何被爱、被保护对你这么重要？"

她回答："不知道，也许生活中需要吧，总感觉自己害怕，不安全。"

所以，这个早恋的孩子希望获得的价值是内心的安全和爱。

提供支持

当孩子在完成任务或达成目标的过程中遇到困难，而自己又没有能力去完成的时候，作为家长或者监护人，我们要学会支持孩子，帮助他化困难为行动。

首先，我们需要理解孩子所遇到的困难。这可能包括学习上的障碍、缺乏信心或意志力等。与孩子沟通并了解他们的想法、感受和需求，可以帮助我们更好地为他们提供情感上的支持。

其次，提供必要的资源和指导。在理解孩子的困难后，我们可以提供必要的资源和指导。例如，如果孩子遇到了学习困难，我们可以提供相关的学习资源和指导，帮助他们理解和掌握学习材料。如果孩子遇到了缺乏自信心的问题，我们可以鼓励他们并提供积极的反馈和支持。如果孩子在学校遭遇了霸凌，我们要帮孩子一起面对和解决，给孩子一个安全的环境。

激发梦想和目标

如果孩子有梦想和目标，那么就会有个方向，可以更好地激发他的行为。

💡 叫醒一个人起床的不是闹钟，而是梦想和目标。

我曾经举办过一次家庭教育圆桌会议，会议上我问一个从小就是学霸的大学教授为何这么会读书，她想了想说："自己从小就有要去上某个大学的梦想。"

为什么会有这个梦想？她说这和她妈妈从小给她讲励志成功的故事有关。这些励志故事给了她深深的印象，她也有了成为那样的人的梦想，所以读书就很自觉。

所以在孩子成长的道路上，多给孩子讲讲一些成功的榜样、励志的故事，美好的人和事都可以激励孩子，激发梦想和目标。

⑤

三步正向反馈给孩子按下启动键

有一次，我在家准备做菜的时候发现没有盐了，于是让家中的小学生去楼下超市买，但是，孩子不愿意去。

于是我走到孩子身边，蹲下来看着他的眼睛说："孩子，上次我们家饮用水桶里的水没了，你看到后主动提出要去打水。我说一个水桶挺重的，但你说没关系。后来，没想到你真的把水桶提回了家。你知道吗？当时我感到很惊讶，想不到你小小年纪竟然这么勇敢和有担当。我觉得你未来是个了不起的人，碰到困难的时候会想办法去解决。现在爸爸正在准备食材，如果我去买盐会耽误一些时间，而如果你去买的话就可以节约一些时间，等你买回来后我就可以做菜，这样我们就可以早点把饭做完，也就可以早点吃完饭、早点完成作业，还可以早点去楼下玩，不是挺好吗？"

我看孩子有些心动了，继续说道："你看，做这件事情对你自己、对爸爸和对家庭都有这么多的好处，而且，你的这个行动也是在支持家庭，让我们更团结。你看可以吗？"

孩子听后点了点头，随后就下楼去买盐了。

在这个事例中，我就运用了正向反馈技术。正向反馈技术源于行为心理学的积极强化理论，这种技术能够激发孩子的积极性和自信心，通过回顾孩子过去的成功经验、调动孩子的积极资源，让孩子感到自己价值所在，从而促进孩子采取行动。总结起来，可以分为以下三个步骤。

▶ 第一步：回顾正面事例 ◀

上面的事例中，当孩子不愿去买盐的时候，我提到了他之前主动打水的事例，让孩子感觉他是可以做到的，有过成功的经验，从而增加孩子的自信心。

▶ 第二步：激发正面影响 ◀

这一步是为了让孩子感觉到做这件事情的正面影响，意识到他的行为对自己和他人有价值，完成这件事情会带来哪些好处。上述事例中，孩子主动打水的经历展现了孩子的勇敢和担当，在给到孩子积极肯定和认可时，也鼓励孩子想象未来，现在这样的行为会让自己的未来变得更加美好。

如果孩子完成了这件事情，不仅帮助爸爸节约做菜的时间，还可以早点吃饭，从而自己也可以早点做完作业并出去玩乐。这让孩子看到自己的行为对自己、对家庭都是有利的，是有价值的，从而激发孩子的行动力。

▶ 第三步：促进积极行动 ◀

在这一步中，我们将重点放在激励孩子采取实际行动上。在

回顾正面事例和激发正面影响的基础上，鼓励孩子看到行动带来
的影响和价值并付诸行动。

正向反馈三步骤

步骤	描述	话术
① 回顾正面 事例	回顾过去的成功事例和正面 经验，以增强孩子的自信心 和积极性	上次你完成了 _____（具体事件）， 当时你克服了 _____（困难），这让 我看到你拥有 _____（能力）
② 激发正面 影响	强调完成任务所带来的积极 影响和价值，激发孩子的主 动性	如果你现在 _____（行动），不仅可 以帮助 _____（对象），还能 _____ （积极结果）
③ 促进积极 行动	提出明确、具体的行动指 令，促使孩子付诸行动	你愿意现在尝试吗？你去 _____， 完成后我们可以一起 _____

　　通过以上三个步骤的引导和支持，我们可以有效地激发孩子
的行动力，帮助他们建立积极的思维模式和行为习惯。这种方法
不仅有助于提高孩子的自主性和责任感，还可以促进他们个人成
长和发展。

⑥
四种方法制定有效行动目标

在亲子家教中，要让孩子行动起来，制定行动目标便很重要。它可以帮助我们更好地规划行动，使目标更具体、可行并且易于实现。还可以增强我们的动力和自信，使我们更加专注和有条不紊地完成任务，并获得反馈和改进的机会。

在平时的行动中，我们有时会发现，尽管我们花了很多时间和精力来制定目标，但在实施的时候效果并不理想。为了使行动目标更加有效，要注意以下四个方面。

▶ 目标要用正面语言来建立 ◀

让我们先看一下这两个目标的表达方式：

◎ 希望孩子这个学期能够改掉做作业拖延的毛病。

◎ 希望孩子这个学期能够高效完成作业。

感受一下，哪个目标让你感觉更好、更有力量？很明显，第二个目标让人感觉更加积极和正面。然而，很多人在设定目标的时候常常没有意识到这一点，他们的目标往往是在提醒孩子消极的一面。

如果我们能够把目标变得更加积极和正向，那么我们就会更有动力去实现它。因此，在设定目标的时候，我们应该尽可能地使用正面积极的语言来表达它，这样我们就会更加有力量和动力去实现它。

▶ 行动目标价值最大化 ◀

在设定行动目标时，我们需要考虑价值的最大化，而不仅仅是满足自己的私欲。一个好的目标应该符合我好、你好、社会好的原则。

一个好的目标不仅仅照顾到自己，也要照顾到他人的利益，而且能够对社会产生积极影响。比如，一个女孩想要报考计算机专业，因为她对计算机有浓厚的兴趣。然而，她的父母认为这个专业每天和电脑打交道，更适合男性，建议孩子要报考教育相关专业，以后做老师更加稳定，也符合女孩的性格特点。这样的建议引发了孩子的不满和抵触。

最后，经过双方的沟通，孩子表达了自己的兴趣和爱好，父母也表达了对孩子的期望和担忧。他们一起探讨后发现，教育体系中也需要计算机方面的人才，比如教授计算机课程的老师。最终，他们达成了和解，并共同设定了一个目标：孩子可以选择学习计算机专业，同时可以考虑成为一名教授计算机课程的老师，这样不仅可以满足孩子的兴趣爱好，也可以为社会贡献更多的计算机人才。

▶ 目标是具体的、可实现的和有期限的 ◀

首先，目标必须是具体的。具体的目标可以让人更加清晰地知道自己要做什么，而不是一个模糊的想法。比如："在下个月内，每周二、四、六晚上八点练字 20 分钟，让自己的字写得更好看。"

其次，目标必须是可实现的。这个目标不仅是具体的，而且是实际可行的。一个好的目标应该基于当前的资源和能力，并且是可衡量和可控制的。例如，一个好的可实现目标是："在一个月内，将数学成绩提高到 60 分以上。"而假如自己的成绩只有 50 来分，却说要在一个月内提高到 80 分以上，相对来说会碰到很大的困难和挑战。

最后，目标必须是有期限的。有期限的目标可以让人们更加明确自己要达成目标的时间范围。它可以给人以必要的压力，激励人们更加专注地去实现目标。例如，一个好的期限目标是："在六个月内，通过自学掌握英语口语，达到能够流畅对话的水平。"

所以，当目标是具体的、可实现和有期限的时候，目标才能更加清晰明确，更容易实现，并且更具有可衡量性和可控制性。

▶ 目标有反馈机制 ◀

在制定目标时，要考虑到反馈机制的重要性。反馈机制可以帮助孩子在实现目标的过程中得到及时的反馈和鼓励，增强其参与的积极性和动力。

这些反馈机制可以是物质上的奖励，例如孩子喜欢的东西。也可以是精神上的鼓励和认可，例如家长的赞扬、老师的表扬和奖励。此外，还可以通过一些互动方式来设计反馈机制，例如建立竞赛机制，让孩子在比赛中体验到胜利的喜悦和失败的痛苦，从而进一步激发他们的参与热情和动力。

在实施目标的过程中，还需要定期进行总结和讨论，以了解目标实施情况和孩子的反馈。根据反馈的情况进行调整和修改，以确保目标最终能够得到有效实现。

比如，一个孩子的目标是在期末考试中进入全班前三名。那么如何为这个目标设计一个有效的反馈机制呢？

可以通过设定小目标来激励孩子。例如，每周完成一定量的课程内容并通过小测验，便可获得一些小奖励，如小零食或可换取礼物的积分等。这不仅能够增加孩子的学习动力，还能够帮助孩子逐步实现长期目标。

家长需要与孩子经常沟通以提供反馈。在孩子完成一个小目标后，家长可以给予及时的赞扬和鼓励，并告诉孩子离实现长期目标更近了一步。同时，如果孩子在某些方面有进步，也要给予肯定和鼓励，让孩子感受到自己的努力是被认可的。

需要定期总结讨论。对孩子的进展和遇到的问题进行分析和反思，并根据实际情况对目标和反馈机制进行调整和修改。通过这样的过程，孩子不仅能够在实现目标的过程中获得积极的反馈，同时也能够不断改进自己的学习方法和习惯，为更好地实现目标打下坚实的基础。

练习 4

优化亲子关系的行动计划

想要建立良好的亲子关系，首先需要了解现在的亲子关系状况。可以对自己和孩子的关系进行评分：10 分为满分，0 分为最差。评分方式可以参考第六章里亲子关系的测评。

如果你的得分不及格，建议制订行动计划来改善亲子关系。如果你的得分及格，可以思考如何进一步提升亲子关系。

以下是制订行动计划的步骤。

▶ 第一步：评估现状 ◀

给自己的亲子关系打个分，看看是否满意。如果满意，思考一下这个分数是怎么得到的；如果不满意，则思考一下为何会是这个分数。

▶ 第二步：设定目标 ◀

根据自己的期望，设定一个理想的分数。想一想达到这个分数会给你带来什么价值。

▶ 第三步：制订计划 ◀

制订一份详细的亲子关系行动计划，包括以下方面。

- ◎ 行动计划的目标。
- ◎ 需要采取的具体措施，比如增加互动时间、改善沟通方式等。
- ◎ 措施实施的时间表和执行方式。
- ◎ 计划如何跟踪和评估计划的进展，并进行必要的调整。

▶ 第四步：实施和反馈 ◀

在执行行动计划的过程中，需要不断进行反馈和调整，以确保行动计划能够顺利实施并达到预期的效果。例如，每周可以与孩子进行交流，了解孩子的感受和反馈，同时也可以反思自己的行动计划是否有效，需要做哪些调整和改进。

通过实施以上行动计划，我们可以不断改善和加强亲子关系，并在孩子的成长过程中发挥积极的影响。

马上行动起来吧！

解决亲子家教问题的关键行动

◎ 少说教，多行动，多执行有效的措施。

◎ 行动五问
　①你想要解决的问题是什么？
　②解决这个问题对你有什么价值？
　③你已经采取了哪些行动？这些行动产生了什么效果？
　④还有什么其他方法可以更有效地解决问题？
　⑤你打算如何行动起来？

◎ 培养孩子行动的五种方法：有效沟通、消除压力、强调意义与价值、提供支持、激发梦想和目标。

◎ 正向反馈技术：回顾正面事例、激发正面影响、促进积极行动。

◎ 制定有效行动目标的四种方法：目标用正面语言来建立，目标价值最大化，目标是具体的、可实现的和有期限的，目标有反馈机制。

方法技能：
好父母一定要学会的
五种能力

66 宝剑锋从磨砺出，梅花香自苦寒来。99

——《警世贤文·勤奋篇》

① 妈妈，这题我不会做

"妈妈，这题我不会做啊！"

傍晚，妈妈在厨房忙碌着准备晚餐，孩子坐在书桌前做作业，没过多久，只听到孩子喊："妈妈，这题我不会做啊！"听到孩子的声音，妈妈没有理会孩子，没过多久，再次听到孩子喊："妈妈，这题我真的不会做啊！"而且连续又喊了两次。

妈妈越听越生气，忍不住大声斥责："你喊什么喊啊，你没看到我在做饭吗？为什么不会做呢？谁让你上课不好好听课啊！这个不会，那个也不会，你会干什么啊！"

孩子感到妈妈越来越生气，但他还是回应："我真的不会做啊！"

妈妈看孩子还回嘴，更加恼怒："你根本就不用心学习！你看你姐姐，她在你这个年纪的时候成绩多好，做作业从来也不用我操心，你怎么就不学学她呢？真是让人不省心！"妈妈还想继续说，以为这样可以让孩子反省，没想到孩子"嘭"的一声把房门给关了。

妈妈一下被激怒了，拿起身边的一双筷子跑到孩子房门口，踢开孩子房门，忍不住向孩子身上打去。

冲突过后，妈妈冷静下来，意识到自己的失态，于是拨通了理理师傅的电话。

妈妈："我真的不知道该怎么办了，我觉得我处理孩子学习问题的方式有些不对，每次孩子遇到困难，我总是控制不住自己的情绪，事后又很后悔。"

理理师傅："作为父母，面对孩子的学习问题时，我们往往容易感到焦虑，这会影响到我们与孩子的沟通方式。"

妈妈若有所思："是的，我就是这样。每当孩子说不会做题，我就很容易生气，觉得他不努力，也会拿他和姐姐比较，我知道这样不对，但我就是控制不住。"

理理师傅："你碰到的问题其实很常见，关键在于我们如何调整自己的心态和沟通方式。孩子在学习过程中遇到困难是正常的，这个时候确实也是考验我们耐心和同理心的时候。"

妈妈："是啊，我也很想改变，但又不知道从何下手。"

理理师傅："不知道你发现没有，你和孩子沟通时用了不少的负面评价，比如不用心，不省心等，当孩子听到这些的时候，内心就会抵抗，他会觉得自己也用心啊，可是真的不会做啊。他需要的是你有时间的时候支持他，而不是被你指责。比如你可以说：'我现在在做饭，你先自己想一想或做点其他的事情，等妈妈有空的时候过来帮你看一下。'"

妈妈："是啊，这样说是会更好，可是我就是控制不住自己的情绪。"

理理师傅："情绪调控是一种能力，需要一定的练习才能很好地运用。"

妈妈："嗯，好像是这样。"

上述案例中，我们不难发现妈妈在情绪调控和有效沟通方面存在显著不足。在亲子教育的过程中，父母需要有多种关键的能力，以确保能够高效地引导孩子全面发展。以下是五项比较重要的能力，作为父母应当努力掌握。

情绪管理力

情绪管理是亲子家教中不可或缺的一部分。父母需要保持冷静、理性和平和的情绪，以便更好地处理家庭纷争和孩子的行为问题。

有效沟通力

沟通在家庭教育中无时不在，父母需要学会在不同情况下和孩子进行有效的沟通，以便与孩子建立良好的关系并了解他们的需求和问题。

成长支持力

给孩子提供成长支持是父母的责任。父母需要了解孩子的需求和兴趣爱好，帮助孩子发展潜能，培养孩子适应未来社会发展的能力。

家庭管理力

家庭管理也是父母需要掌握的一种能力。父母需要合理安排家庭时间、制定家庭规则、统筹家庭事务和做好自我精力管理等，以便更好地管理家庭，减少家庭压力，提高家庭成员的幸福感。

持续学习力

随着科技的快速发展和社会的变革，特别是现在人工智能在各方面的渗透，我们面临着全新的挑战和机遇。为了适应这个快速变化的世界，我们需要主动学习和更新我们的知识。不断学习和成长对于父母来说至关重要。

下面，让我们从能力的形成过程开始谈起。

② 能力形成的四个阶段

如今，孩子们成长于一个日新月异、信息爆炸的时代。相较于过去，他们面对的是更为复杂多元的文化和价值观。因此，作为父母，我们需要与时俱进，提升自我，以便更好地引领孩子成长。能力的形成并非一蹴而就，而是一个循序渐进的过程。

一般能力的形成可以分为以下四个阶段。

▶ 好奇阶段 ◀

这是孩子对事物产生兴趣的起点。他们会用好奇的眼光去探索世界，犹如种子破土而出，对周围的一切充满好奇。然而，很多时候，孩子们的好奇心却因父母的忽视或不耐烦而被动消退。

比如，一个孩子在上学路上望着天空的白云，满怀好奇地问妈妈："为什么云是白色的？"妈妈忙于赶路，敷衍回答道："什么白云白云的，赶快上学，怎么读书时没见你这么会问问题？"

这无疑是对孩子好奇心的打击。因此，作为父母，我们应珍视孩子的好奇心，耐心解答他们的疑问，引导他们去发现和探索。

▶ 尝试阶段 ◀

当孩子对某一事物产生兴趣后，他们会尝试去实践、去探索。在这个过程中，他们可能会遇到挫折和失败，也可能会尝到成功的滋味。当尝试带来的体验是积极的，孩子便会持续投入，逐渐培养出兴趣。反之，若感觉不佳，他们可能会选择放弃。

因此，父母的鼓励和支持在这个阶段尤为重要。我们应该给孩子足够的空间去尝试和犯错，从错误中汲取经验和教训。

▶ 经验阶段 ◀

通过不断地实践和反思，孩子会积累起丰富的经验。这些经验是他们成长的宝贵财富，也是他们形成能力的重要基础。作为父母，我们应引导孩子善于总结和反思，帮助他们从经验中提炼出规律和方法。

▶ 能力阶段 ◀

当孩子经过前面的阶段，积累了丰富的经验后，他们便会逐渐形成自己的能力。这种能力是他们长期努力和实践的结晶，也是他们未来成功的保障。

> 例如，一个孩子被父母带去看足球比赛，对足球产生了好奇心，想要了解更多关于足球的信息，比如规则、技巧、球队等，这就是好奇阶段。

第四章　方法技能：好父母一定要学会的五种能力

接着，孩子可能会开始尝试去踢足球，参加球队训练，看看自己能否控制球、射门得分等。在这个过程中，他可能会遇到一些挫折和失败，但也可能会取得一些小的胜利和成功。这就是尝试阶段。

当孩子开始练球，逐渐掌握了足球基本技巧和规则，开始能够在比赛中发挥作用，不断练习、实践和总结，就会积累越来越多的经验。这个阶段，他可能会尝试不同的战术和技巧，了解球队战术和团队合作的重要性。这就是经验阶段。

最后，当孩子经过多年的训练和实践，逐渐成为一名优秀的足球运动员，他所拥有的足球技能和能力就是通过前面几个阶段的努力所形成的。这就是能力阶段。

目前大多数孩子都处在尝试和经验阶段，还没有形成能力。我们需要做的是让孩子在尝试的过程中，产生一种好的感觉，让孩子把这种好的感觉放大，通过不断地练习，形成经验和能力。

我们评判孩子的能力的时候，要去看看他在哪个阶段。有些孩子连第一、第二个阶段都没有达到，我们就丢给他一个任务，他一做就失败，我们责怪他，这样对他是不公平的。

记得有一次，我在超市排队付款，听到前面两个妈妈在闲聊。一个妈妈说："我们家孩子太懒了，都高中生了，连个菜都不会炒，等会儿还要赶回去给他做饭去。"

我估计这个孩子以前肯定没有练习过，也许曾想炒菜但是被妈妈制止了。要知道炒菜也是要实践练习才可以做好的，当我们了解能力形成的各个阶段，我们就会知道怎么去培养孩子的能力。

在亲子家教中，父母需要掌握多种能力来有效引导孩子的成长。其中情绪管理、有效沟通、成长支持、家庭管理和持续学习能力在这个时代尤为重要。下面，我们就从父母的情绪管理能力开始谈起吧。

③

情绪管理力：做好亲子关系维稳

李华是一个小学生，他喜欢玩玩具，玩完后总是忘记把玩具收拾好。这一天又是如此，妈妈看到后提醒李华收拾玩具。

"李华，赶紧把它们收拾好放回原位。"妈妈对李华说。

"嗯，我等会儿收拾。"李华随声回应。

等了会儿，妈妈发现李华并没有去收拾，而是在那里做其他的事情，于是大声地提醒李华。李华心不甘情不愿地走过去，收拾的时候把玩具扔到玩具箱里，搞得砰砰响。

妈妈看到后，恼怒地说道："你干什么呢？我提醒过你，谁让你不听！真是太不像话了！你要是这样，我把你的玩具都扔了！"

李华听到后愣了一下，还是继续扔玩具到箱子里，妈妈气得走过去一把抓起李华的玩具往垃圾桶里扔，边扔边说："我看你以后还玩不玩，干脆不要玩了！"

"不要啊！你不要扔我的玩具！"李华哭着僵硬在那里。

这个案例就涉及情绪管理的问题。妈妈在这个情境中没有很好地管理自己的情绪，导致她做出了过激的行为。

情绪管理是指个体在面对不同情境时，能够有效地调控自己

养育有解：智慧养育的五个维度

的情绪反应，以达到积极应对问题的目的。

▶ 应对情绪的误区 ◀

在处理情绪时，以下几种方式在我们日常的互动中极为常见，但往往带来不同程度的问题和挑战。

对抗性应对。这种方式类似于情绪的正面冲突，其中双方都在试图通过发泄自己的情绪来占据上风。这种情景往往表现为争吵和对抗，每个人都试图让对方听到自己的声音，却忽略了真正有效的沟通。这种做法虽然可以暂时让个体感到情绪的释放，但很少能解决根本问题。相反，它更有可能导致冲突升级。

逃避性应对。面对情绪压力或冲突时选择逃避，希望通过避免直接面对问题来减少痛苦和压力。这可能涵盖从避免谈论引起不安情绪的话题，到在冲突爆发时选择离开场景。虽然短期内这种做法似乎能够减轻紧张情绪，但长期来看，未解决的问题和未表达的情绪将会积压，可能导致更大的心理压力和关系紧张。

压抑性应对。个体选择压抑自己的情绪，不允许自己表达。这种方式在亲密关系中也比较常见，其中一方或双方可能认为隐藏自己的真实感受可以避免冲突和不和，于是选择了隐忍或沉默。然而，这种压抑的情绪就像一座沉默的火山，可能在某个时刻突然爆发，给关系带来负面影响。

这些情绪管理的方式，无论是对自己还是对他人都是一种伤害，没有正面的效果。

▶ 什么是好的情绪管理 ◀

好的情绪管理，需要遵循三个基本的原则：不伤害自己、不伤害他人和不伤害社会。

不伤害自己，意味着我们需要学会呵护自己，避免用不健康的方式来处理情绪。 这包括避免过度饮酒、暴饮暴食或自残自伤等行为。相反，我们应该通过运动、冥想、艺术创作或与亲近的人交流来疏导我们的情绪。

不伤害他人，要求我们在表达情绪时，不会对他人造成伤害。 这意味着我们需要学会以非攻击性的方式表达自己的感受，而不是通过指责、批评或冷漠来处理冲突。良好的沟通技巧，如倾听、运用同理心和正面的反馈，都是维护健康关系的必要条件。

不伤害社会，要求我们在面对情绪时，不会对社会造成伤害。 这包括避免在公共场合或社交媒体上发泄情绪，导致不必要的冲突或误解。我们应该意识到，这样的行为和情绪反应既侵犯了公众利益，也影响了社会文明。

因此，我们需要学会以负责任的方式表达情绪，学会调控自己，以积极、建设性的方式来应对情绪。可是在现实生活中我们面对情绪的时候还是很难调控，从而导致更多的冲突和矛盾。

▶ 情绪的来源 ◀

为什么情绪不容易管理呢？要深入探索这个问题，我们首先需要了解情绪的来源。经过总结，我认为情绪主要来源于以下三个方面。

养育有解：智慧养育的五个维度

负面经历

过往的负面经历，常常如同一道无形的枷锁，束缚着我们的情绪。这些经历可能源自童年时期遭受的欺凌、家庭纷争或是其他种种不愉快的事件。它们如同潜藏在心底的暗流，一旦触及，便容易引发情绪的波动。

所以，当我们忍不住发脾气时，要思考是不是有些事情在过去没有被很好地处理。有位妈妈随着孩子的长大越来越讨厌自己的孩子，后来觉察到是孩子越长大越像孩子的爸爸，而她讨厌孩子的爸爸，因为在离婚前孩子的爸爸给了她很大的伤害。所以，当看到孩子的时候，就好像看到了孩子的爸爸，从而让心情受到影响。

如果是因为这部分的原因导致自己情绪失控，就需要进行一些专业的处理，化解过去负面事件对自己的影响。

现实中的压力

现实生活中的压力也容易引起不良情绪。一位单亲妈妈每个月要还房贷、车贷和负担家庭生活开支等，经济压力很大。晚上回到家后看到孩子作业没做完，情绪一下子就爆发了，狠狠地骂孩子，甚至动手打了孩子。

她的母亲也在家，老人家不理解女儿为何要这么发飙，于是就说她："你怎么可以这么打骂孩子啊。"她听后接受不了，夺门而出，一个人走在大街上，边走边哭。

回到家之后她就意识到，是自己把情绪转移到了孩子身上。

因此，如果是压力问题引起情绪问题，那就要想办法解决引起压力的问题。比如说收入减少了，那就要想办法增加收入。解决现实中的问题，重要的是要去行动，当你行动起来的时候，就会得到结果，压力就开始减轻。同时要学会放松，给自己减压。

没有满足自己的期待

当孩子没有满足自己的期待，心里觉得孩子不听话、不可控，就容易爆发情绪。这通常是因为父母有自己的价值观和理念，不容易站在孩子的角度思考问题，同时对未来比较恐惧和焦虑，觉得不可控。

比如妈妈叫孩子起床，孩子磨磨蹭蹭，眼看孩子就要迟到了，妈妈终于爆发了，打骂了孩子一顿，孩子也很无奈，最后连学都不去上了。

这里面我们就看到妈妈的期待落空了，觉得孩子不听话，觉得上课迟到是不应该的，觉得不上学了就是天大的事情，就没有好的未来等。妈妈很难站在孩子的立场来考虑问题，也许孩子真的是比较累、睁不开眼睛或者身体不适等。当我们能站在孩子的角度考虑，就会问问孩子怎么了，听听孩子的心声，孩子被理解了，也许就起来了。

当我们对孩子期待过高时，要反思这个期待是不是自己的主观意愿？是不是把自己的价值观强加给了孩子？是不是对未来过于担忧？

所以，去感受一下，当我们在孩子面前情绪失控的时候，是不是有一些糟糕的情绪来源？例如，我们自己曾经的一些负面经历，现实生活当中的一些压力，孩子没有满足自己的期待……

在剖析了情绪的来源之后，接下来我将阐述如何运用一些专业实用的心理调适技术，在上述提及的几个方面有针对性地进行情绪管理。

技术 1

情绪画像转化法：化解过往负面情绪

当我们经历过不愉快的事件，这些经历会在我们的记忆中留下不良印记。每当回忆或遭遇类似情境时，这些印记会引发负面情绪，如后悔、内疚、悲伤、抑郁等。为了有效处理这些情绪，我们可以使用"情绪画像转化法"。这是一种隐喻性的方法，可以帮助我们转化和释放过去的伤痛。该方法基于意象重构原理，通过将抽象情绪具象化为可视画像，帮助个体从旁观者视角处理情绪。

负面情绪一旦被抽离出来，我们就可以将其转化为一种正向积极的情绪，然后将这种正向积极的情绪重新注入画像中，为自己补充积极情绪能量。

事前准备

准备好一张 A4 纸和一套彩色笔。

步骤

①情绪量化：对当前情绪进行评分，评估其强度。

②身体放松：确保自己处于一个舒适、放松的状态。

③情绪体验：感受情绪在体内的具体位置和形态，描绘出它的画像。

④自我象征：在一张 A4 纸上绘制一个简化的自画像，将情绪画像标注在自画像相应的位置。如情绪画像过大，可绘制于纸

张空白处。

⑤情绪转移：想象将情绪画像从自画像中抽离，并转移到能发挥其积极作用的地方。

⑥情绪评估：重新对情绪进行评分，检验转换效果。

⑦能量注入：想象一个充满能量的人或物，借助其能量滋养自画像，感受能量的补充。

⑧回归现实：缓缓回到现实，再次评估情绪状态。

注意事项

有精神障碍者禁用，有严重心理创伤者应在专业心理工作者指导下进行。

具体指导语

找一个安静的时间和地点坐下来，确保没有干扰。想象一件在你生活中引起负面情绪的事件，并感受自己的情绪。

然后，在心里给自己打个分，零分代表内心平和、没有明显负面情绪，十分代表情绪反应强烈。

接下来，放松自己，感受双脚安全地踩在地板上，身体坐在稳固的凳子上。进行几次深呼吸，让自己逐渐平静下来。如果愿意，闭上眼睛，这样能更容易避免外界干扰，更好地进入内心。

现在，开始感受自己的情绪是怎样的，尝试给这种情绪取个名字，比如愤怒、委屈、后悔或悲伤。慢慢感受这种情绪的存在，并注意自己身体的反应。

比如有些人可能会感到头痛、胸闷、胃部不适、关节酸痛或感到背部沉重等。你有什么感觉？体会这种情绪对身体的影响，感受它在身体上的具体位置。然后，想象它像什么？

比如有人会说："它像一块石头堵在我的胸口，无论如何我都无法移动它。"你觉得它像什么？它的外观是怎样的？是什么颜色、大小和形状？会不会发出什么声音？有没有什么味道？尽量想象出它的样子和带给你的感受。

当你想象好后，缓缓睁开眼睛，拿出一张白纸（A4尺寸）。在这张白纸上画一个简易的人形代表自己，然后把刚才想象出来的情绪画像画在这个人形上，比如像一块石头堵在胃里，那就在胃的部位上画一个石头，如果情绪画像太大就画在人像的旁边。

然后，再次放松，进行几次深呼吸，闭上眼睛，在内心看着这个人形和情绪画像，感受它的存在，并想象如何处理这个情绪画像。

每个人可以按照自己的方式进行处理。比如，有人会想象旁边有一个垃圾桶，然后用大夹子将情绪画像夹出来，放进垃圾桶里。

我们知道，每件事物都有其积极的一面，你在处理情绪画像的过程中可以发挥它更大的价值。比如情绪画像是块石头，你可以用它来修建道路，或者将其转化为雕塑产品等。

慢慢地，将这个情绪画像从你的体内清理出去，让它去到能发挥价值的地方。这个过程可长可短，根据自己的情况慢慢清理，清理完后重新评估自己的情绪，看看是否有所改善。如果没有改善，可以继续清理。

当感觉到自己已不需要再清理的时候，放松自己，让自己停下来，闭上眼睛，做几个深呼吸，然后慢慢地回到当下。再次感受自己的情绪，并给它重新评分，看看情绪是否得到了转化。

如果需要继续补充能量，请继续以下的引导。

在内心里想象一个拥有强大能量的人或物体。比如自己崇拜的人、温暖的太阳或是一个圆圆的、发光的水晶球等。你可以根据自己的想象来构建这个充满能量的形象。

一旦你想象出这个形象，就让它为你补充能量。例如，想象温暖的太阳照射在你身上。让这种美好的感觉扩散到整个身体，感受自己变得越来越有力量，越来越健康，越来越温暖。

当你感觉差不多时，慢慢地回到现实中。再次体会自己的情绪，并给它一个评分，看看自己的状态是不是得到了提升。

"情绪画像转化法"是一种创造性心理辅助技术，通过视觉化和情感体验来处理和转化负面情绪。这种方法结合了放松、自我意向和创意表达，旨在帮助个体以更健康的方式理解和应对他们的情绪。

通过"情绪画像转化法"，个体能够逐步清理内在的情绪淤积，借助正向能量重塑情感体验，并最终达到情绪管理与恢复心理健康的目的。整个过程应当耐心进行，允许自己在安全的环境下充分表达与化解情绪。

技术 2

放松法、3W 问题解决法：缓解当下情绪

在现代社会中，我们时常会感到压力，有压力的人在情绪上都会表现得比较紧张、焦虑、易激惹。这些压力和焦虑与我们现实生活中碰到的问题有很大的关系。所以，学会处理当下的情绪及解决一定的现实问题就显得非常重要。首先我们用放松法来缓解当下情绪。放松法是一些可以让你放松身心的技巧。它可以帮助你缓解焦虑和压力，提高自我控制和内在平衡的能力。下面是两种常用的放松法，可以在短时间内有效地帮助你缓解当下的情绪。

▶ 深呼吸 ◀

当你感到焦虑或紧张时，深呼吸是一种简单而有效的放松方法。你可以坐在一个安静的地方，然后深呼吸几次。每次深呼吸时，集中注意力在吸气和呼气的过程中，尽可能使呼吸变得平稳和缓慢。

步骤

①找一个安静的地方。

②采取舒适的体位。可以是坐着或躺着。当你坐着时，要坐直身体，放松肩膀和腰部，将手自然放在大腿上。当你躺着时，可以把手放在身体两侧，放松整个身体。

③呼吸并放松。开始深呼吸之前，先放松身体，让呼吸变得自然和轻松。当你吸气时，让空气自然地流入你的鼻子和嘴巴。当你呼气时，尽可能地放松肺部和腹部。

④深呼吸。接下来，开始深呼吸。先用鼻子缓慢地吸气，数到 4 或 5，让空气填满你的肺部。然后，慢慢地用嘴巴呼气，继续数到 8 或 9，让你的肺部尽可能地放空。你吸气时，让肚子向外膨胀；你呼气时，让肚子向内收缩。

⑤持续呼吸。进行深呼吸练习的时间可以根据自己的需要来调整。可以练习 5 分钟、10 分钟或更长时间，每天进行一到两次。

深呼吸放松法可以帮助你放松身体和情绪，缓解压力和焦虑，提高身体免疫力和健康状况。当你感到紧张和焦虑时，不妨尝试一下深呼吸法，以帮助你快速缓解情绪，恢复平静和放松。

▶ 渐进性肌肉松弛 ◀

渐进性肌肉松弛是一种深度放松技巧，通过放松身体各个部位的肌肉，来缓解身体和情绪上的紧张和压力。

步骤

①找一个安静的地方。

②采取舒适的体位。可以是坐着或躺着。当你坐着时，要坐直身体，放松肩膀和腰部，让手自然放在大腿上。当你躺着时，可以把手放在身体两侧，放松整个身体。

③呼吸并放松。开始肌肉松弛练习之前先放松，让呼吸变得自然和轻松。

④紧张和放松肌肉。顺序可以从上到下，也可以从下到上，

这里示范从下到上。可以先从脚趾开始，一次紧张一个部位的肌肉。例如，先紧张左右脚的脚趾，从 1 数到 5，然后放松肌肉，感受脚部的松弛感。以此类推到小腿、大腿、臀部、腹部、手臂、肩膀、脖子和头部。在每个部位上花费几秒钟的时间，感受那里的肌肉，体会紧张与松弛的感觉。

⑤感受松弛。在每个肌肉部位进行紧张和放松后，感受身体的松弛和舒适感。你可以想象自己正在一张温暖柔软的床上，或者是在一个美丽的海滩上休息。

渐进性肌肉松弛是一种简单而有效的放松技巧，以上的步骤可以重复做，一般每天进行一到两次，可以有效帮助缓解紧张和焦虑，提高身体免疫力和改善健康状况。

▶3W 问题解决法 ◀

前面我们谈到了，生活中的情绪有很多是因为发生了问题但没有解决而产生的，所以需要有个好的解决方案。如果问题得到了解决，情绪也就缓解了，放松法能快速平复情绪，但问题的根源仍需理性分析。

下面介绍一个解决问题的工具，叫 3W 问题解决法。西蒙·斯涅克在《从 "为什么" 开始》这本书中提出了一种适合所有人的认知思维改变模型，称之为黄金圈法则。

◎ Why：为什么要这么做？

◎ What：问题的本质是什么？

◎ How：怎么做比较好？

我把 Why 和 What 的顺序调换了一下，这样更方便梳理问题。

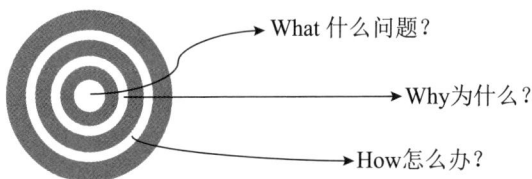

What 什么问题?

Why为什么?

How怎么办?

What（什么问题）

首先要明确问题的本质是什么。很多时候我们观察问题往往停留在表面，如果没有把问题本质搞清楚就盲目去解决，往往会以失败告终。将问题清晰地表达出来，可以帮助你更好地了解问题的本质和背景。

Why（为什么会出现这个问题）

明确问题出现的原因是什么。找出问题产生的原因可以帮助你更好地了解问题，以及思考如何解决它。

How（如何解决问题）

找出解决问题的方法和步骤。思考解决问题的主角是谁？谁更适合解决这个问题？明确解决问题的具体步骤以及需要做出的努力和改变，可以帮助你更加高效地解决问题。

> 例如，一个初一的孩子近期每天早上起床困难，经常上学迟到。家长用强制的方式叫孩子起床，但这种方法已经失效了，孩子不但不愿意起床，而且还会表现出烦躁和情绪低落的状态。
>
> 那么，依据 3W 问题解决法，我们可以按照以下步骤来解决这个问题。

What（什么问题）——首先，我们需要明确问题，是近期孩子每天早上起床困难，经常上学迟到。

Why（为什么会出现这个问题）——其次，我们需要找出问题出现的原因。为什么孩子每天早上起床会困难呢？我们可以进一步分析可能的原因，比如：孩子睡眠不足或睡眠质量不佳；孩子患有某种身体或心理疾病；孩子缺乏动力或目标，不想去上学；孩子在学校被欺凌或遇到社交问题等。在分析完可能的原因后，我们可以通过进一步观察和咨询，找到问题的根源。在本例中，发现孩子不愿意去上学，是因为他在学校受到欺凌。近期去上学的路上有一帮社会青年要找他麻烦，并恐吓他不能告诉大人，因此，孩子不愿意起床是由于心理压力和对社会青年的恐惧。

How（如何解决问题）——最后，我们需要找出解决问题的方法和步骤。针对孩子在学校遭受欺凌的问题，我们可以考虑以下方法：采取相应的措施来消除欺凌现象；与孩子建立沟通渠道，倾听他的感受和想法，并提供情感支持；帮助孩子建立自尊和自信心，加强他的社交能力和人际关系，从而更好地面对挑战和逆境；和学校相关人员合作，共同制定防欺凌政策和方案。

当我们采用上述方法来解决孩子的根本问题时，孩子的起床问题也将随之解决。

3W问题解决法可以帮助你更好地理解问题的本质和原因，找出解决问题的方法，通过解决问题来缓解因问题产生的情绪。

技术 3

现实分析法：处理与未来有关的情绪

许多人在日常生活中会经历担心、恐惧、害怕、畏难等情绪。这些情绪通常与对未来的想象有关，而且往往来自消极负面的想象。

为了缓解这种因情绪造成的对未来过分的负面想象，我们可以使用现实分析法。现实分析法旨在从客观现实的角度出发，审视和解决问题。

客观事实

案例：王妈妈的孩子目前是初二学生，成绩一般。为此王妈妈经常担心孩子将来考不上大学，找不到好工作，过不上好生活。这种担忧和焦虑让王妈妈感到疲惫不堪，甚至影响了她和孩子的关系。

经验回顾

王妈妈回忆过去，发现自己曾经有过类似的担忧和焦虑，后来向身边的亲友询问，得知不少孩子在初中阶段成绩不好，但最终仍然顺利考上了大学，找到了好工作，过上了好生活。也有初中成绩不好的，没有考上好学校甚至都不读书了，但现在生活过得也不错。王妈妈感觉到考上大学和未来过上好生活不是必然的关系。

风险评估

王妈妈认真分析了孩子未来可能出现的最坏情况，发现孩子如果考不上大学，并不意味着找不到好工作，过不上好生活。同时，王妈妈还了解了一些当前的教育政策和就业市场形势，发现除了大学之外，还有许多职业教育和技能培训的选择，也有不少机会可以自主创业。看到孩子未来的发展道路越来越多样化，她开始不再过分担心。

解决方案

在经过以上分析之后，王妈妈意识到自己过分担心孩子的未来是不必要的，同时也意识到这种担心对孩子的成长和家庭的和谐产生了不良影响。因此，决定采取以下措施。

①向孩子传递积极的价值观和人生观，让孩子知道并感受到自己的潜力和未来的多样可能性。

②帮助孩子制订学习计划，鼓励孩子按照计划学习，掌握一定的学习方法。

③鼓励孩子参加课外活动，培养一定的兴趣爱好，拓宽自己的社交圈子，增加社交技能和经验。这样有利于孩子在未来拥有更多的选择和机会，而不是局限于考大学这一条路。

④帮助孩子塑造积极心态，在孩子面前谈一些成功的案例，鼓励孩子相信自己的能力，认识到自己的优点和潜力，形成一个积极向上的心态。

⑤寻求专业帮助。如果妈妈觉得自己无法有效地帮助孩子，也可以考虑寻求专业人士的帮助，例如心理咨询师、生涯规划师和相关教育专家等。他们可以提供专业的建议和支持，帮助孩子

更好地面对未来的挑战。

通过以上案例，我们看到通过现实分析法可以从客观的角度出发解决问题，避免不必要的情绪干扰。

总结一下，现实分析法一般包含以下几个部分。

现实分析法步骤

步骤	内容
① 客观事实	描述当前情绪或问题的具体表现，理性客观地观察和描述现实情况
② 经验回顾	回顾过去是否曾经遇到过类似的问题，描述解决过程和结果，总结出经验和教训，为解决当前问题提供参考
③ 风险评估	针对当前问题可能出现的最坏情况，进行风险评估，分析最坏情况出现的可能性和影响程度，为采取相应的应对措施做准备
④ 解决方案	思考和探讨，确定解决问题的方案和步骤，确定可以帮助解决问题的人和资源，制订具体的行动计划，逐步解决问题

案例 1　初一学生鹏鹏在最近一次数学模拟考试中遭遇挫折，以往平均成绩稳居 95 分以上的他，这次考试成绩意外下滑到不足 85 分。这一突如其来的变化让鹏鹏难以接受，感到同学们似乎都在关注着他，内心充满了尴尬和不安。

针对这个问题，你如何用现实分析法和孩子沟通？

养育有解：智慧养育的五个维度

技术 4

五步情绪转化法：让情绪更平稳

下面再介绍一种综合情绪调节技术。我们听过盲人摸象的故事，摸到尾巴的说像绳子，摸到鼻子的说像蛇，摸到腿的说像柱子，摸到耳朵的说像扇子。每一个人所说的都是自己所接触到的、看到的、感受到的东西，都是自己的主观体验和感受。

所以，我们对人事物的看法，容易局限在自己的主观体验当中。有一种冷叫"妈妈觉得你冷"，意思就是妈妈感觉到冷就给孩子添加衣物，这样的生活场景在我们生活中经常发生。

> 有一次，弟子问王阳明："当一个人情绪不好，有愤怒、怨恨之心怎么办？"
>
> 王阳明说："你顺其自然，不要沾上主观意气，就能保持本心的平静。"王阳明这里面谈到的就是面对情绪的时候不要停留在自己的主观世界里。

在亲子关系中，父母把自己主观的想法强加给孩子，就容易和孩子对立起来。所以管理情绪就是要站在别人的角度来看问题，要学会将心比心。这个时候就能抽离出来，情绪就可以得到调节。

当我们能够站在对方的角度考虑问题的时候，心就会慢慢地平静下来，就会带着好奇去看看到底发生了什么，就不会动不动有情绪和评判。

一位妈妈晚上洗澡的时候，发现她挂在墙上的毛巾被打湿了，她马上就想到是孩子搞的，因为孩子刚刚洗完澡。于是她很生气，开始责骂起孩子来，孩子因此感到很委屈，耷拉着脑袋被妈妈骂。

后来爸爸问孩子："你为什么要打湿妈妈的毛巾？"孩子说："我看到墙上有一只蚊子，我怕它晚上在我们睡觉的时候会来咬我们，所以就拿水冲它，想把它打死，于是也就把妈妈的毛巾打湿了。"

当你听到孩子说是因为打蚊子而弄湿毛巾的时候，是不是就不会发那么大的脾气？此时你会觉得孩子行为的背后也是有缘由的，而且是有爱的。因此，当我们能够站在对方的立场将心比心的时候，情绪就得到了缓解。

描述事实

在描述事实时，应该尽可能客观地陈述发生的事情，避免加入主观色彩。这有助于我们更清晰地认识当前的情况，避免因个人偏见和情绪影响而做出错误的判断。

情绪识别

情绪识别是情绪管理的重要一步，它能够帮助我们更准确地认识自己的情绪，从而更好地进行情绪调节。在识别情绪时，我们可以通过观察自己的生理反应、情绪表达和行为来确定自己当前的情绪状态。

评估想法

评估想法是指对产生情绪的想法或观念进行分析，探究这些想法或观念是否合理、是否具有客观依据。通过评估想法，我们可以更好地认识自己的思维方式和偏见，避免因为错误的想法而产生负面情绪。

需求分析

需求分析是指分析自己的需求，明确自己想要什么。在进行需求分析时，我们可以问自己一些问题，如"我现在需要什么？""我想要达到什么样的目标？"等。这有助于我们更清晰地认识自己的需求，从而更好地满足它。

行动决策

行动决策是指根据分析结果，制订相应的行动计划，探索可行的解决方案，并采取行动。在制订行动计划时，我们可以考虑多种解决方案，从中选择最适合的一种来实行。

下面，让我们来看看这五个步骤在上述案例中的运用。

①描述事实：妈妈发现自己挂在墙上的毛巾被打湿了，马上想到是孩子搞的，因此开始生气并骂孩子。

②情绪识别：妈妈感到非常愤怒，认为这一定是孩子所为。

③评估想法：妈妈认为是孩子故意搞破坏，因此对孩子发怒并责骂孩子。她没有去先问问孩子，听听孩子的解释，只是从自己的角度出发，没有考虑到可能存在其他的可能性。

④需求分析：妈妈的需求是希望孩子能够遵守家庭规则，不要破坏他人物品。

⑤行动决策：妈妈可以采取以下行动来解决问题。

◎ 先冷静下来，探究是否有其他可能性，而不是片面地从自己的角度出发。

◎ 和孩子沟通，听取孩子解释，了解事实情况。

◎ 如果确实是孩子做错了，可以指出孩子的错误，并一起寻找解决方案。比如告知孩子这样做的后果，以及怎么做才是好的方式。例如，可以洗完澡后喊父母拿电蚊拍来打蚊子。

◎ 如果确认孩子没有做错，应该表扬孩子的好行为，并和孩子一起想办法防止好心办坏事的"副作用"。

案例 2　天天早上要8：00到学校，从家里到学校要10分钟的路程。但都早上7：40了，天天还没有起床，妈妈喊了几遍也没怎么动，于是妈妈大声地吼他，孩子就更不想去了。后来得知是因为家里仅有的面包被姐姐吃了，自己没有吃到，心里就不开心，于是生气地躺在床上不愿意起来。

假如你是这位妈妈，请你用五步情绪转化法来调整自己的情绪。

案例参考答案

案例1

客观事实

鹏鹏在最近一次数学模拟考试中遭遇了挫折，他的成绩从以往稳定的平均95分以上下滑至不足85分。这一变化让鹏鹏感到难以接受，他担心同学们的关注，内心充满尴尬和不安。

经验回顾

与鹏鹏一起回顾过去的学习经历，发现他通常能在考试中取得优异的成绩。我们可以引导他思考，过去在面临学习挑战时，他是如何克服困难的。同时，也可以分享一些其他学生或自己曾经遇到类似情况的经验，让鹏鹏知道这种成绩波动在学习中是常见的，并且可以通过努力来改进。通过这样的回顾，让他认识到成绩的下滑并非不可逆转，而是一个面对挑战、寻找问题、调整策略的成长机会。

风险评估

我们帮助鹏鹏认识到，一次考试成绩并不能完全反映他的能力水平。考试成绩的下滑可能受到多种因素的影响，如考试难度、复习状态、心理状态等。同时，我们也要让鹏鹏明白，即使这次成绩不理想，也不会对他未来的学习和生活产生决定性影响，也就是不会产生什么严重的后果。通过评估可能的风险，我们可以让鹏鹏更加理性地看待这次挫折，并减少不必要的担忧。

解决方案

◎ 调整心态：首先，鼓励鹏鹏调整心态，接受这次成绩下滑的事实，并相信自己有能力通过努力改进。

◎ 分析原因：与鹏鹏一起分析这次考试成绩下滑的具体原因，如复习不充分、考试策略不当等。

◎ 制订计划：根据分析出的原因，制订具体的改进计划，如增加复习时间、调整学习方法、寻求老师或同学的帮助等。

◎ 鼓励参与：鼓励鹏鹏积极参与课堂活动、讨论和小组合作，通过与他人的交流和互动，提升自己的学习效果和自信心。

◎ 关注过程：强调学习是一个持续的过程，而不仅仅是追求成绩。鼓励鹏鹏转而关注自己的学习过程和成长，而不仅仅是分数的高低。

案例 2

描述事实

早上，妈妈发现天天在 7：40 分还未起床，他需要 8：00 前到学校，而上学路上需要 10 分钟。妈妈叫了几遍天天都没有反应，这让妈妈感到非常焦虑和沮丧。当妈妈大声吼天天时，天天似乎更加不愿意去上学。后来妈妈了解到，天天因为姐姐吃了家里唯一的面包而感到不开心，这可能是他不起床的原因。

情绪识别

妈妈现在的情绪是愤怒和焦虑。妈妈感到愤怒是因为天天的行为让妈妈觉得天天对上学不负责任，而焦虑则是因为担心天天会迟到。

评估想法

妈妈需要反思自己认定天天懒惰的想法是否合理。也许妈妈没有意识到天天因为没吃到面包而感到沮丧，这影响了天天的行为。妈妈发泄情绪可能忽视了孩子的情感需求。

需求分析

妈妈的需求是确保孩子按时到校，同时也要关心孩子的情感状态。天天的需求可能是希望得到公平对待，以及表达自己的不满情绪。

行动决策

根据以上分析，妈妈可以采取以下行动来解决问题。

◎ 先冷静下来，深呼吸，避免在情绪激动时做出更多负面反应。然后和天天进行沟通，用平和的语气询问他为什么不愿意起床，倾听他的感受。

◎ 再向天天解释时间的重要性，并告诉天天，如果早上没有吃到东西，可以提前告之，和妈妈一起找到解决方案，比如准备额外的早餐。事后可以与孩子一起讨论如何公平分配食物，避免未来类似的情况发生。

◎ 最后，和天天一起制定一个早晨的例行程序，确保天天能够按时起床，并鼓励他再遇到问题时要及时沟通。

④

有效沟通力：让孩子和你更亲密

沟通是人际交往中非常重要的一项技能。在亲子家教中，要成为优秀的父母，就需要不断练习沟通。作为父母，我们在亲子家教的过程中，会遇到各种各样的挑战。孩子不理解父母的意图、父母主观臆断产生亲子误解等，沟通恰恰是应对这些挑战的关键。

为了更好地与孩子沟通，我们需要掌握沟通的三项技能：学会倾听、学会表达和学会引导。首先，我们需要学会倾听，即关注对方说的话，并尽可能理解对方的意图和感受。其次，我们需要学会表达，即清晰地表达自己的想法和需求，以避免产生误解和不必要的冲突。最后，我们需要学会引导，即与孩子共同寻找解决问题的最佳方式，并实现双方共赢。

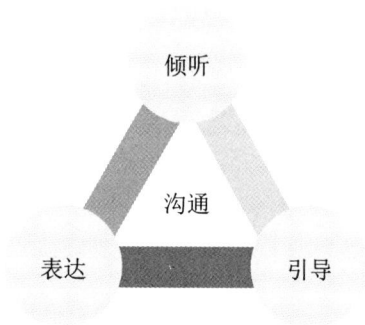

养育有解：智慧养育的五个维度

技术 5

听出语言中的三层含义：成为倾听高手

孩子放学回家对妈妈说："唉，今天的作业太多了。"

妈妈："那赶快去做啊。"

孩子："我想玩一下再做。"

妈妈："那样不就更没有时间了吗？老师也是想让你们多掌握知识，快去做啊！"

孩子："我想先玩一下嘛，不想跟你说了！"

我们看到，妈妈没有做好一个倾听者的角色，习惯从自己的角度去看，而不能去体会到孩子的感受，这样的沟通就不会有好的效果。在亲子家教中，好的倾听是一种技能。很多亲子冲突中，沟通不畅是因为在倾听这个环节就没有做好。

我们来看看这样对话会不会更好？

孩子："唉，今天作业太多了。"

妈妈："你说今天的作业很多？"

孩子："是啊，作业好多啊！"

妈妈："那看来要花更多的时间做哦。"

孩子耷拉着脑袋："是啊，累死了。"

妈妈看着孩子说："看来你今天要辛苦了，先去休息一下吧。"

孩子："嗯，我先玩一会。"

这里我们可以看到，妈妈更能跳出自己的思维去理解孩子、倾听孩子，感受到孩子的需求，从而让孩子感觉到被关爱。自然，沟通就会更有效。

我们如何来做好倾听呢？从以下三个层次来做，就可以很好地达到倾听的效果，它们分别是用耳朵听内容、用眼睛看状态以及用心感受需求。就像听的繁体字，里面包含有耳、目和心。

用耳朵听 ← **聽** → 用眼睛看
→ 用心感受

▶ 第一层：用耳朵听内容 ◀

我们要用耳朵听对方所表达的内容，这个部分要鼓励对方表达出来，把它说完。很多时候我们在这个环节就打断了对方，并且做出过多的评价，后面的沟通就很难进行下去。

孩子说："我想到国外去上学。"

你一听到，马上说："国外有什么好啊，不安全，经常发生战争，不要去哦。"

你看，你都没听人家说去哪里，就开始下结论。

你可以带着点好奇问对方"你想去哪个国家？""对那边情况了解多少？""你是怎么想的？"等，让对方把话说完。

只要我们用耳朵好好听，往往就可以得到我们想要的答案。

有一天，猫妈妈把小猫叫来说："你已经长大了，三天后就不能再喝妈妈的奶，要自己去找东西吃哦。"

小猫惶恐地问："妈妈，那我应该吃什么东西呢？"

猫妈妈说："你要吃什么，妈妈一时也说不清楚，这几天夜里，你就躲在人们的屋顶上、梁柱间和陶罐边，去仔细听人们的谈话，他们自然会教你的。"

第一天晚上，小猫躲在屋顶上，听到一个妇人念叨着对自己的孩子说："你看你奶酪、肉松、鱼干吃剩了也不收好，小猫的鼻子很灵，被它发现，明天你就没得吃了。"

第二天晚上，小猫躲在梁柱间，听到一个大人对孩子说："小宝，把鱼和牛奶放在冰箱里，小猫最爱吃鱼和牛奶了。"

第三天晚上，小猫躲在陶罐边，听见一个女人对男人说："老公，帮我的忙，把香肠、腊肉挂在梁上，别让小猫偷吃了。"

就这样，小猫很开心，回家告诉妈妈："妈妈，果然像您说的一样，只要我保持倾听，人们就会教我该吃些什么。"

实操
1

要求对方先说一句话，然后你重复对方的话。当对方听到你的重复后，他会继续以你的话语为基准进行复述。如此往复，双方持续重复对方的话语，直至整个话题或事情被完整地阐述。这个实操的目的是训练我们更加认真地倾听彼此的话语。

▶ 第二层：用眼睛看状态 ◀

第二层次的倾听是我们要用眼睛去看，看对方说话的内容是否和对方状态相匹配。

孩子在说想去国外读书，按理说是带点兴奋和开心的，可是你发现对方很愤怒。

这个时候就可以问问："去国外读书应该很开心，可是看到你好像很气愤的样子，你怎么了？"

孩子说："今天上课我不小心把文具盒碰到地上了，发出了一些声音。结果，老师说我扰乱课堂秩序，还罚我站了 5 分钟。我感觉很羞愧和气愤，我听说国外的老师很尊重孩子，不会随便惩罚学生。所以，我要去国外读书。"

你看，孩子的回答出乎你的意料，如果你没有很好地观察孩子，就很难看到孩子还有这样的一段经历。

我们要学会通过肢体语言和语气语调，来验证孩子所说的是否属实，从而更好地了解孩子。肢体语言往往更真实，比如头下垂表示做错事或自卑，点头表示同意，摇头表示否定，打呵欠表示觉得无聊，眼神逃避表示不安或害羞等。语速快可能反映紧张或高兴，语速慢则说明可能在思考、郁闷或不开心。声音大可能是因为兴奋或愤怒，声音小则表明比较没自信或害羞等。

实操
2
游戏"我做你猜"：写下一些词语，确保对方无法看到，随后根据这些词语的含义做出相应的动作，引导对方猜测你所想表达的意思，让对方说出来。完成一轮后，双方交换角色，你来猜测对方的动作所代表的意思。这样的互动旨在提升我们对肢体语言的解读能力和敏感度。

▶ 第三层：用心感受需求 ◀

第三个层次的倾听是在前两个层次的基础上，用心感受对方的需求。

例如，之前提到的孩子想去国外读书的原因是感觉课堂上的老师不尊重他，这反映了孩子对尊重的需求。假如我们能满足孩子这部分需求，那么这种需求就不一定要通过出国读书这样的途径来实现了。

再比如孩子说作业太多的例子，如果我们可以感觉到孩子有放松休息的需求，也就知道如何来说话，让对方觉得我们懂他、理解他。

因此，真正的沟通高手会用心感受并尽力满足对方的需求，而不是仅仅提出建议或讲道理。

通过总结，我们可以发现什么是好的倾听，什么是不好的倾听。

好的倾听：

◎ 听对方说了什么，表现出好奇和兴趣。

◎ 重复对方的话或适度地做出反应，比如"哦""嗯""啊"等感叹词，证明你在听对方说。

◎ 听对方的语气语调，感受对方的情绪状态。

◎ 观察对方的肢体语言是否和语言内容相匹配。

◎ 听出对方语言背后的需求。

不好的倾听：

◎ 打断对方的语言。

◎ 表现得不耐烦，心不在焉。

◎ 还没听完就说教、给建议和妄下结论等。

◎ 动不动就评价对方。

◎ 总站在自己的立场思考问题。

实操
3

和孩子或家人谈一件事情，用耳朵去倾听对方的谈话的内容，再用眼睛看对方谈的内容是否和肢体语言、语气语调相匹配，然后再用心感受对方的需求是什么。最后反馈给对方，请对方评价自己倾听得是否准确。

技术 ⑥

掌握语言表达三要素：这样说孩子更愿听

一天放学后，五年级的成成回到家后一声不吭地回到自己的房间，爸爸感到他和往常不同，于是走过去问孩子："你怎么了？"

孩子表情沉重，低声说道："感觉学习压力很大，今天考试了，很多题都不会做，感觉自己的学习不如其他同学。"

爸爸很吃惊："啊，很多题都不会做？你这段时间是不是没有认真学习？"

成成说："我有学习啊，这次考题太难了！"

爸爸说："你就是没有用心学，不要找那些借口，如果你像那些优秀的同学一样努力学习，一定能行的！"

成成："我已经很努力了，可是还是学不好。我觉得自己很笨。"

爸爸："你不笨啊，你要多努力。好了，别多说了，赶紧去写作业吧，时间不多了。"

成成大声地说："你不明白，我不想和你说了！"说完"嘭"的一声把房门关上。

在上面的对话中，我们看到爸爸的表达使得孩子感到更加沮丧和失落，孩子觉得爸爸不理解自己，没有关心他的感受和困惑。爸爸更多只是在强调自己的观点和看法。最终，孩子感到无法跟爸爸建立有效的沟通。

根据上面的案例，我们换种沟通方式，看看效果会有何不同。

爸爸："孩子，看到你回来都没说话，有什么事情发生了吗？"

成成低声说："唉，感觉学习压力很大，今天考试了，自己考得不好，不如其他同学。"

爸爸："看起来你对今天的考试结果不太满意，其他同学都比你考得好？"

成成："是啊，感觉这次考题太难了！"

爸爸："嗯，这次考试难度大，还有其他方面原因吗？"

成成："我不知道，我觉得自己很笨。"

爸爸："孩子，考得不好你很沮丧是吗？"

成成低着头不说话。

爸爸："考得不好导致你现在心情不好，说明你很重视你的学习，你有负责任的心态，并不是你很笨，你看上次不是考得很好吗？"

见成成沉默不语，爸爸继续说道："待会儿我们先看看试卷，分析一下哪些题目出错了，是不是因为某个知识点没掌握好，或是粗心大意。然后，我们可以制订一个学习计划来弥补这些不足。"

在这个对话中，爸爸一开始描述了事实，看到孩子回来没有说话，通过询问和同理共情的方式，让孩子感到被关心和被理解。同时，也用正面的语言肯定孩子，引导孩子自己找到可以改进的地方，以及采取行动解决问题，从而达到沟通的目的。

所以在沟通中，我们如何进行语言表达就显得非常重要，一般来讲，把握以下三个要素，孩子就更愿意听。

◎ 描述事实：尽可能客观准确地描述事件的时间、地点和相关的人物。避免使用主观评价和批评的语言，而应该采用事实性的描述，让孩子自己去判断和评价。

◎ 同理共情：理解和尊重孩子的感受，并表达出我们的理解和关心。要避免把自己的观点强加给孩子，让孩子感到被理解和被关注。

◎ 正面语言：这是一种积极、鼓励和支持性的言辞和表达方式，旨在传递乐观、积极和建设性的信息。这在亲子沟通中有助于建立积极的关系、增强信任和促进良好的互动。

下面，我们分别来解析每个要素。

▶ 要素一：描述事实 ◀

在与孩子沟通时，我们需要注意客观描述事实，而不是只表达自己的主观评价。如果我们只是用自己的价值观去评判孩子的行为，而没有从对方的角度去考虑问题，那么很可能会导致沟通失败，甚至破坏关系。

比如，当我们评价孩子的行为时，如果使用类似"你太懒""不认真""磨蹭"等带有评价的语言，会让孩子感到不舒服和被攻击。相反，如果我们只是客观地描述事实，孩子的感受就会好很多。

比如，孩子一边吃饭一边把脚架在椅子上，你应该怎么说？

"坐好啊，坐没坐相，像什么样子！"

孩子听后，虽然知道自己做得不对，但心里就是不舒服，有被骂的感觉。

"我看到你把脚放在了椅子上。"

客观地描述看到的事实，而不是评价孩子坐相很不好，孩子就会理解并改正自己的行为，同时不会感到被批评或被攻击。

常见的话语还有"你太懒""你这人就是不爱学习""你这个人就是不认真""每天做作业这么磨蹭"。长期用这样的语言和孩子沟通，亲子关系将会受到影响。所以，我们要学会用客观的语言来表达，事实是什么就说什么，不加入自己的主观评判和臆断。

我们都有这样的体验，到大自然里会觉得轻松自在。除了因为空气环境好，还因为大自然不会像人类那样对我们进行评判，它能无条件地接纳我们，包容我们。

实操
4

比较 A 和 B 选项，看看哪个是客观事实？哪个带有主观评价？

A 和 B 选项对比

选项 A	选项 B
小小给了一支笔	小小很大方
他一天看了 3 本书	他学习好厉害
明明起床晚了半个小时	明明赖床不起来
他晚上十一点了作业还没写完	他写作业太磨蹭了

在这个练习中，A 选项都是对事实的客观描述，而 B 选项则带有主观的评价。通过比较这两种表达方式，我们可以更好地理解如何在与孩子沟通时做到客观描述事实。

养育有解：智慧养育的五个维度

▶ 要素二：同理共情 ◀

我曾接到一个求助电话，电话那头的人说，他家的一个亲戚在群里说了一些消极的话，比如："活着没意思，每天生活都像在煎熬。"群里的大部分亲戚都劝他要想开点，不要有这些想法。然而这个亲戚一直保持沉默，没有回应。

打电话来求助的这个人担心他的亲戚会想不开，问我该怎么办。我建议他可以在群里表达出自己的感受，比如："我看到你发的这些信息，感觉到你的生活很不容易，遇到了困难，这也让我有些担心你。"结果那个亲戚很快就在群里做了回应。

这说明我们表达时要学会同理共情对方。很多人在表达时只注重讲道理，而忽略了对方的情绪和感受，那么沟通效果将会大打折扣。因此要学会表达自己的感受，并尝试准确说出对方的感受。如果自己不太确定，可以向对方确认。例如："我看得出来你刚才挺伤心的，是吗？"表达越准确，越能引发对方的共鸣。

"听到你刚才说你很伤心的时候，我也感到难过。"这样对对方的情绪进行回应，同时让对方知道你的情感状态。在专业上，这种感受对方情绪的能力被称为共情。共情包括两个方面：语言上的共情和肢体上的共情。

语言共情

语言共情指通过语言来表达我们对他人的情感和体验的能力。它可以帮助我们与他人建立联系，增进彼此的理解和信任。例如："听到你做了一件很难的事情，如果换成是我，我估计也做不到。"以下是几种语言共情的技巧。

◎ 重复和确认。在与他人交谈时，重复和确认他们的话语可以表示我们正在认真倾听，理解和尊重他们的意见。

◎ 表达理解和感受。表达我们理解他们的处境，感受到他们的情感，以及为他们感到难过或高兴，都可以建立更深入的联系。

◎ 倾听和提供反馈。倾听他人的话语，并在交流过程中提供反馈，表明我们真正关心他们的感受和需求。

肢体共情

肢体共情指通过肢体语言，比如面部表情、手势、姿势等来表达我们的情感和感受的能力。例如回家后拥抱孩子，向孩子传递"我喜欢你"的情感。以下是几种肢体共情的技巧。

◎ 保持身体语言的一致性。身体语言和口头表达是一致的，这有助于增强我们的真诚和可信度。

◎ 注意姿态和面部表情。我们的姿态和面部表情可以传达我们的情感，包括愉快、担忧、焦虑等。保持开放的姿态和柔和的面部表情，可以让人感到更轻松和亲近。

◎ 使用合适的肢体接触。在恰当的场合下，使用一些肢体接触可以表达我们的关怀和支持，比如拥抱、握手、拍拍对方肩膀等。

总之，掌握语言共情和肢体共情的技巧，将使我们与孩子的沟通更加深入和有效，为亲子关系打下坚实的基础。

▶ 要素三：正面语言 ◀

亲子沟通是建立亲密家庭关系的关键。在这个过程中，正面语言扮演着不可或缺的角色。它是一种积极、支持和鼓励性的言辞，能够引发对方的积极情绪，不仅可以提升孩子的自尊心和自信心，还有助于促进良好的亲子互动。

很多人没有意识到语言具有暗示作用，频繁使用负面、打击性的语言会导致孩子逐渐接受并内化这些负面暗示。

一位妈妈在放学时总是对她两个儿子说："你们回家开门后一定要注意对面的鱼缸啊，不要打打闹闹，走路不要太快，否则鱼缸被你们碰到了，打破了可麻烦了。"这位妈妈总是这么说，后来有一次，鱼缸真的被孩子碰倒了，摔破了。

在日常生活中，这样的负面语言无处不在。孩子端一杯水，很多人会提醒："当心，别洒了！"孩子写作业磨蹭，很多家长会说："快点写，再磨蹭的话十点之前又睡不成觉！"

这些语言几乎构成了我们养育孩子的常态，大多数家长都没有意识到这些都是负面语言。假如我们经常说孩子"你是不对的""你是错的""你不应该这样的""你不听话"等，用批评、指责、命令等一类的负面语言来教育孩子，带来的负面影响就是孩子变得更加消极。

正面语言一般具有以下特点。

◎ **肯定和鼓励。**正面语言常常包括对他人的赞美、鼓励和支持，以增强他们的自尊心和自信心，比如孩子在学校比以前更努力学习并获得了好成绩，正面语言可以这样说："你在学校的表现很出色。继续保持这样的努力，你一定会获得更多的成功。"

◎ **尊重。**在交流中表现出尊重他人的观点和感受。比如孩子表达了自己与父母不同的观点，正面语言可以这样说："我听到了你的看法，我想你有你的道理。我对这方面也有自己的看法，你也可以听听，我们一起考虑最好的决策。"

◎ **避免否定性词汇。**避免使用否定性词汇，如"不""不能""不行"，而是提供积极的建议和解决方案。例如，孩子请求出去玩，但父母认为现在不是合适的时间，正面语言可以这样说："我明白你想出去玩的心情，但现在我走不开。明天下午我有时间，我们到时候可以去玩。"

在亲子沟通中，当孩子做得不好或犯了一些错误的时候，我们习惯性指责、限制和否定对方，自己发泄一通情绪后就没有下文了。实际上，告诉孩子"你可以做什么"比"你不可以做什么"更重要。

在一次偶然的场合，我见到一个幼儿正尝试攀爬台阶，结果不慎摔倒，无助地坐在地上哭泣。这时，孩子的奶奶急忙跑过来："谁让你去爬的？说了多少次不要到处乱跑，还哭，真是丢脸！"这样的话语如同利刃，无疑在孩子本就受伤的心灵上又添了一道伤痕。奶奶的本意是关心孙儿的安全，但她的表达方式充满了责备与否定。

面对同样的情况，如果这样表达孩子的感受也许更好："宝宝，看你很勇敢，想挑战自己爬台阶呢！不过，台阶有点高，咱们得慢慢来。奶奶看看你有没有哪里摔疼了，我们一起处理一下。下次攀爬的时候，我们要保护好自己。摔倒了也没关系，我们勇敢地站起来，再试一次，奶奶在这里支持你。"这样的回应，既表达了奶奶对孩子勇敢尝试的认可，又传达了对孩子的关心，同时也教会了孩子面对挫折时保持积极态度。

比如我们经常跟孩子说"你不要害怕"，可以改成"你可以放松"，这样做可以让孩子感受到支持和鼓励，而不是被禁止或恐吓。

我们可以观察下面两种语言表达，哪个带给自己的感觉会更好？

养育有解：智慧养育的五个维度

不同场景下的两种语言表达

场景	负面语言表达	正面语言表达
孩子上楼梯	不要跌倒	注意爬楼
孩子大声说话	不要大吼大叫	嘘，小声说话
要离开	不要走开	待在我身边
不收拾玩具	不要把玩具到处乱放	请把玩具收拾好放箱子里
吃饭时说话	吃饭不要说话	我们吃饭时安静
作业没检查	就知道偷懒	你可以再检查一遍

实操
5
尝试在生活中用语言表达的三个要素和孩子进行沟通，看看效果如何。

第四章 方法技能：好父母一定要学会的五种能力

技术 7

四种积极引导方法：启发孩子学会解决问题

孩子在成长过程中，会面对各种困难和挑战，培养他们解决问题的能力是至关重要的。亲子沟通中，家长应如何引导孩子学会独立思考、寻找解决方案呢？

▶ 开放式提问 ◀

可以使用开放式的问题引导孩子思考和探索问题的不同方面。通过提问，鼓励他们思考解决问题的可能性和后果，激发他们的创造力和批判性思维。

封闭式问题通常用"是"或"否"简短作答，而开放式问题则需要更详细和综合的回答，通常以"什么""如何""你认为"等方式开始。它们通常涉及个人观点、感受、经验或创造性思考，能激发对问题的更深入思考和讨论，鼓励孩子提供详细、全面的回答，并从不同角度探索问题的可能性。

比如周末了，家长问孩子："今天的天气不错，我们一起去公园玩吧！你觉得我们可以做些什么有趣的活动？"

孩子回答："可以荡秋千，滑滑梯，还可以踢足球。"

家长："嗯，挺好的！除了这些活动，还有没有其他的？我们可以尝试一些新鲜的游戏或者挑战。"

孩子想了想说："我想到了一个游戏，我们可以举办一个小小的比赛，看谁能用最短的时间找到公园里隐藏的宝藏！"

家长："这个游戏听起来很有趣。我们来做个详细的方案，然后一起享受寻宝的乐趣吧！"

▶ 鼓励自主性 ◀

可以给予孩子一定的自主权，鼓励孩子主动思考、做出选择并解决问题，不仅能够培养他们的独立性，还能够提升他们的自信心和解决问题的能力。

家长："孩子，你这个周末要参加同学生日会对吗？我们计划去海边玩，你想一起去吗？"

孩子："啊，有点为难，我两个都想参加。"

家长："这需要你自己做决定哦，你可以看看这两个选择的利弊。比如，参加同学会，你可以和朋友们一起度过快乐的时光，享受社交和互动的乐趣。如果你选择去海边，你可以感受海风，玩沙子，畅游大海，这也是一种放松的方式。"

孩子："是的，我很想和朋友们在一起，但也很久没有去海边了。"

家长："既然这是你的决定，那你自己做出选择吧。你可以思考思考，权衡一下哪个对你来说更重要，哪个可以带给你更多的快乐和满足感，或者看看怎么兼顾两个都是可以的。"

孩子："好吧，我想想。"

▶ 提供帮助和指导 ◀

在孩子需要帮助时，可以提供适当的帮助和指导。但要避免过度干预，让孩子有机会尝试自己解决问题，从中学习和成长。教孩子一些实用的解决问题的技巧，寻找多个解决方案，评估可能的结果，权衡利弊，制订计划并执行等。这些技巧将帮助他们更好地应对各种挑战。

比如孩子碰到了一道数学难题，然后问父母。

父母："孩子，我看了这数学题，实际上我也不太清楚如何解答。你有想过还可以寻求其他途径来解决吗？"

孩子："我想想，可以向老师请教，或者和同学一起讨论这道题。还可以翻看教材或者在网上搜索相关的解答方法。"

父母："非常好，你提出了一些很好的选项。总结一下你刚才说的：可以向老师请教，这样你可以获得专业的指导和解答；也可以和同学一起讨论，这样可以促进彼此的学习和思考；也可以翻看教材，教材可能会提供一些相关的例题和解题思路；还可以在网上搜索，可能找到更多的解答方法和解题技巧。"

孩子："是的。"

父母："那你想选哪一个呢？"

孩子："我想先尝试与同学一起讨论，因为我们可以互相分享想法和思路。"

父母："好的。现在你可以主动与同学讨论，并听取他们的观点和建议。记得记录下你们的讨论结果，以便你之后可以复习和回顾。"

▶ 激发合作与协商 ◀

除了提供必要的帮助和指导外，家长还可以通过激发孩子与他人合作和协商的主动性来进一步培养他们的解决问题能力，尤其是兄弟姐妹或同龄朋友之间的冲突。教导他们倾听他人的观点，尊重他人的意见，通过合作、协商和妥协寻求共同的解决方案。

两个孩子都要玩买来的新玩具，谁都不让谁，这时妈妈该怎么办？

妈妈："我看到你们对这个新玩具都很有兴趣，但现在你们发生了冲突，都想自己玩，怎么办呢？"

孩子们气鼓鼓地坐在那里不说话。

妈妈："这样好吧，我们可以玩一个游戏来决定。我在小纸片上分别写上1、2、3三个数字，等会儿我把它翻过来打乱，你们每个人从中抽一个数字，抽到1的先玩5分钟，抽到2的接着另一个人玩5分钟，抽到3的时候，你们可以一起玩5分钟。这样可以吗？"

孩子："可以！我们可以抽数字来决定谁先玩。"

通过这个例子，父母鼓励孩子们与他人合作、协商和妥协，以解决彼此之间的冲突。

案例
3

小明是一个小学六年级的学生，他在跳绳方面表现得不太理想。随着校运会的临近，他开始感到焦虑，担心自己在比赛中跳得不好会丢脸，影响班级荣誉。于是，他回到家后向父母表达了自己不想参加校运会的想法。

作为父母，你将如何与小明进行有效的沟通呢？

案例参考答案

案例 3

倾听

首先，耐心倾听小明的想法和感受，让他充分表达自己的担忧和顾虑。

例如："孩子，你看起来有些不开心，能和我说说为什么不想参加校运会吗？"当孩子讲述自己的担忧时，要给予充分的倾听。

表达

在倾听的基础上，以同理心回应孩子的感受。

例如："我明白你担心跳得不好会感觉丢脸，这种感受很正常。同时也让我感觉到你认真负责的态度，想要表现得更好，这样才不会影响班集体的荣誉，你很有责任感和担当。你是怎么想的，可以说说吗？"

通过这样的表达，让小明感受到被理解和被支持。

引导

接下来，运用引导技巧帮助孩子转变观念，以更积极的心态面对挑战。

例如："孩子，你知道吗？参加校运会不仅仅是为了赢得比赛，更重要的是参与和体验。通过这次经历，你可以学习到如何面对挑战和困难，这对你的成长是非常有帮助的。我们每个人都有自己擅长和不擅长的事情，我们尽自己最大的努力即可。这次活动还可以让我们学会跳绳的技术呢。对于班级来说，一个团队的参与比成绩更重要。况且现在距离校运会还有几天，我们多加强训练，应该就可以赶上去的。如果有需要，我可以陪你一起练，你觉得怎么样？"

通过这样的引导，激发孩子的积极性和自信心，让他勇敢地面对挑战。

养育有解：智慧养育的五个维度

⑤

成长支持力：给孩子最好的托举

　　父母在孩子成长过程中需要提供各种支持和帮助，这些支持对孩子的学业、身心健康和全面发展都至关重要。作为父母，支持孩子成长也是需要能力的，其中，有三种支持能力至关重要。它们分别是学习上的支持、情感上的支持以及遇到挫折时的支持。

◎ 学习上的支持：为孩子提供学习上的后援。我们需要鼓励他们探索世界，解决问题，培养好奇心和独立思考的能力。这种支持不仅仅是传授知识，更能启发孩子的求知欲，让他们热爱学习，在学习的道路上走得更长远。

◎ 情感上的支持：构建亲子关系的基础。父母需要成为孩子的心灵港湾，理解他们的感受，培养他们的情感智慧。通过建立亲密的情感联系，我们能够为孩子提供安全感，使他们更加自信和坚强。

◎ 遇到挫折时的支持：帮助孩子培养逆境应对能力。在孩子的学习与生活中难免会有挫折和失败，父母要教导孩子如何从中学习，如何坚持不懈，如何在面对挑战时保持积极心态。

学习上

支持力

情感上　　　　挫折上

▶ 学习上的支持：做好孩子的后援 ◀

提供适宜的学习环境

如本书第二章所述，环境在孩子成长中有着重要的影响。对于孩子而言，良好的学习环境有助于提高注意力、学习效率并激发孩子的学习兴趣。父母可以创造一个整洁舒适的学习空间，这样孩子在学习时能够更好地集中注意力，保持良好的学习状态。

晓晓是一名小学生，妈妈发现他在做作业的时候总是难以集中注意力，效率也很低。经过观察发现他书桌上堆着很多东西，吃的玩的都有。妈妈意识到这个问题后，要求晓晓做作业的时候把桌子上和学习无关的物品都清理掉，这样减少了对晓晓学习的干扰，从而提高了他的做作业效率。

在我所居住的社区图书馆，有些孩子，无论是周末还是平日，都会来到这里，专心致志地学习。尤其令我印象深刻的是，一天中午，我看到一个小学生独自一人在图书馆，他坐在安静的角落，静静地翻阅着书本，书写着作业。

这些孩子懂得如何有效利用身边的环境资源，帮助自己达成

养育有解：智慧养育的五个维度

学习目标。

有个家庭做得很好，一家人吃完饭迅速收拾好饭桌，然后全家人围坐在一起。两个孩子分别坐在桌子的两边写作业，父母则各坐在另一边看书学习。这样的画面让人感到温馨而美好。

在孩子学习时，父母要尽量减少对孩子的干扰。有些父母动不动找孩子说话，给孩子拿吃的，在客厅把电视声音放得很大等，这些在一定程度上都会干扰孩子的学习。

有位父亲发现他的孩子在家里很难静下心来学习，于是每天都陪着孩子在社区的图书馆里一起学习。图书馆里安静，学习氛围也好，自然，孩子也容易安下心来，不会受太多的干扰。

当然若想培养孩子的抗干扰能力，有时也可以刻意制造一些干扰来训练孩子的专注能力。

培养良好的学习习惯

良好的学习习惯可以帮助孩子更好地掌握知识，提高学习效率。

小华是一名初中生，他在学习方面遇到了很大挑战。他的父母发现他缺乏自我管理能力，学习的时候容易分神，没有学习计划，也没有好的学习流程，导致学习效率低下。他们决定帮助小华培养良好的学习习惯。

首先，父母与小华共同明确了学习目标，并拟定了详细的学习计划，包括日常学习任务及完成任务所需时间。明确的目标与计划使小华更能掌握自身学习的方向和节奏。

其次，小华缺乏完善的学习流程。他经常会忽略预习和复习环节。这导致他对知识点的理解不够深入，也容易忘记。

为了解决这个问题，小华的父母请教学科老师，老师建议他遵循"预习—上课—复习—练习—检查"的科学学习流程。重视预习和复习环节，提前预习课本内容，上课就可以更好地理解和吸收老师的讲解内容。学习后，通过复习和做题巩固记忆，进一步加深对知识点的理解。最后，检查自己的答案并及时纠正错误。这种学习流程不仅可以帮助小华更好地掌握学科知识，也让他的学习过程更加有条理和高效。

最后，小华缺乏自我管理的习惯。他在学习的时候容易分神，需要用到网络查询学习资料的时候就很容易被干扰。因此，父母与小华协商确定使用电子产品的时间，优先完成无需网络的学习内容，必要时再合理分配时间上网。

在学习时，及时给予孩子反馈，当孩子完成一项项任务，克服一道道难题的时候，就会有一种成就感。

作为父母，我们要相信孩子有学习的能力，并且可以通过培养良好的学习习惯来激发他们的学习潜能。我们可以从英国纽卡斯尔大学苏伽特·米特拉教授的教育实验中获得启示。20多年前，米特拉教授在印度、柬埔寨等地开展了著名的"墙中洞"教育实验，让孩子们自由探索镶嵌在墙上的电脑。他发现孩子们在没有任何指导的情况下，凭借好奇心和同伴间的互助，很快就学会了使用电脑。

这一实验表明，孩子们天生具有学习的能力和探索的欲望。因此，在孩子的学习过程中，我们应该注重培养他们的好奇心，给予及时正向的反馈，让他们体验到学习的乐趣和成就感。这样，孩子们就能更加自信地面对学习挑战，逐步养成良好的学习习惯，为未来的学习奠定坚实的基础。

提供多样化的学习机会

首先，我们对学习要有更宽泛的认识，不要把学习仅仅当成学科知识的教育，否则我们就容易限制孩子的学习机会。

广义而言，学习是生活中通过经验积累形成的行为模式。学习不限于学校课堂中，它无处不在。在社会、家庭、媒体等各个环境中，我们所见之人、所经之事都蕴含着学习的机会。

所以，作为父母，提供多样化的学习机会，可以帮助孩子们在不同的领域发掘自己的潜力，培养兴趣爱好，同时增强综合素质。

例如，根据孩子的兴趣爱好，我们可以拓展他们的学习范围，包括艺术、科学、人文等领域。除了在学校外，还可以在家庭、兴趣班和夏令营等不同场所，选择不同的课程给孩子体验。这不仅能丰富孩子的知识面，也能让孩子体验不同的学习过程。

还要提供不同的学习环境和资源。如博物馆、图书馆、科技馆、美术馆和文化馆等，这些地方提供了丰富多彩的知识和文化，能够激发孩子的好奇心，促使他们更深入地探究和了解世界。

可以鼓励孩子参加社交活动。社交活动可以是学校的社团活动、社区或社会活动等。通过参与社交活动，孩子可以学习到沟通、合作、领导等技能，还可以结交新朋友，丰富他们的社交圈。

此外，还能鼓励孩子参与公益活动。这些活动能够增进孩子对社会的理解，并培养其责任感与奉献意识。公益活动可以是植树、清洁环境、看护老人、关爱动物等。孩子可以根据自己的兴趣和能力选择参与。

▶ 情感上的支持：让孩子感受父母的爱 ◀

孩子的成长不仅需要物质上的满足，也需要父母情感上的支持和关爱。

小杰是个聪明伶俐的男孩，成绩优秀，是老师眼中的好学生，也是其他同学学习的榜样。为此，从小小杰的父母对他的要求也比较高。一天，在课间休息的时候，同学小亮不小心撞到了小杰，小杰觉得受到了冒犯，一气之下，动手打了小亮。这一幕正好被老师看到，老师告知了小杰的父母。

小杰的父母得知消息后，非常生气。放学回家后用严厉的语气质问他："你为什么打人？你知道这是不对的吗？"小杰低头不语。

父母接着说："你要学会控制自己的情绪，不能因为一点小事就动手打人。这样是不对的，不仅会伤害到别人，也会让你自己受到惩罚。"

小杰听着父母的话，觉得父母并不理解他，本来想和父母说的话也不想说了。

类似以上这样的经历在你陪伴孩子成长的过程中是否发生过？在这样的案例中，我们看到父母总是用理性的语言来对待孩子，总是用对和错来评判，而没有去用心感受孩子的情绪、情感和需求，关注孩子这个人。

过度理性对待孩子，而忽视和孩子情感上的交流，这样的教育方式往往会让孩子觉得自己与父母之间存在鸿沟，使他们不愿意分享内心的想法和感受。

那么，如何给孩子情感上的支持？以下三种方式可以更好地让孩子感受到父母的情感支持。

148

倾听和理解孩子

情感支持的重要方式是倾听和理解孩子。

孩子的情感需求包括被理解、被接纳、被关注和被认可等，而这些需求通常都是通过孩子的言语、情绪和行为等表达出来的。因此，父母需要从这些方面来倾听和理解孩子，才能够为孩子提供情感支持。

首先，父母应该尽可能地与孩子进行对话，询问他们的想法、感受、疑虑和问题等。例如，当孩子告诉父母他们在学校里遇到了问题时，父母应该耐心倾听，尝试理解他们的处境，并给予必要的建议和帮助。

其次，父母需要关注孩子的情绪和行为，了解孩子的内心世界。孩子在不同的情绪状态下会表现出不同的行为，父母应该通过这些行为来理解孩子的情感需求。例如，当孩子情绪低落时，父母可以问孩子："你最近有什么烦心的事吗？"并表达自己的关心和支持，帮助孩子缓解情绪。

最后，父母需要理解孩子的个性和发展阶段，根据孩子的实际情况来给予关注和支持。例如，对于不同年龄段的孩子，父母的倾听方式也应该有所不同。对于较小的孩子，父母可以通过与他们一起玩耍的方式来倾听他们的话语和情感；对于青少年，父母则应该尊重他们的独立性和个性特点，采用更加平等的交流方式，尊重孩子的意见和想法。

表达爱的方式

谈到父母如何表达爱的时候，有很多不同的方式可以选择，但重要的是要确保孩子能够感受到父母的爱，而不仅仅是空洞的言语或者表面上的行为。以下是一些可以用来表达爱的方式。

语言表达： 父母可以用简短而甜蜜的语言表达对孩子的爱，例如"我爱你""你对我很重要"。这些简单的话语可以让孩子感受到父母的爱和关注。

行为表达： 父母可以通过小的关怀来表达爱，例如在孩子感冒时给予温暖的拥抱、为孩子准备美食、给孩子写信、为孩子点赞等。这些小小的举动会让孩子感受到父母的关爱和照顾。

用心陪伴： 父母可以花时间和孩子一起做喜欢的活动，例如一起运动、一起看电影、一起做手工等。这些互动不仅可以加强亲子关系，还可以让孩子感受到父母的陪伴和关注。

礼物惊喜： 父母可以偶尔给孩子一些小礼物或者惊喜，例如在孩子生日时给予一个特别的礼物、在孩子考试时送上一份小礼物等。这些小小的惊喜会让孩子感受到父母的关注和支持。

在表达爱的方式上，父母需要关注的是让孩子感受到真正的关心和爱，而不只是单纯的物质上的奖励。当孩子感受到父母的爱时，他们会更自信、更健康、更快乐地成长。

给予积极反馈和激励

当孩子付出努力并取得进步时，父母的积极反馈和激励可以极大地增强孩子的自信心和积极性。那么，如何给孩子提供积极的反馈和激励呢？

首先，父母需要及时发现孩子的进步并给予肯定。 孩子的进步不一定只体现在成绩上，还可能表现在兴趣爱好的发展、人际关系的改善等方面。父母要多关注孩子，及时发现孩子的进步，然后给予积极的肯定和鼓励。例如，当孩子在学习上取得了进步，父母可以赞扬孩子的努力和进步，让孩子感受到自己的付出和努力得到了认可。

其次，父母可以给孩子制定合理的目标和计划，并在孩子达成目标时给予奖励和激励。目标和计划可以帮助孩子更好地规划自己的学习和生活，激发孩子学习和探究的兴趣和热情。奖励和激励可以是给孩子买喜欢的玩具、带孩子去游玩等。这样不仅可以让孩子感受到父母的关爱和支持，还可以帮助孩子形成积极的目标意识和奋斗精神。

此外，父母还可以在孩子犯错误时给予适当的反馈和激励，帮助他们从错误中吸取教训并成长。例如，当孩子犯了错误，父母可以先让他们表达自己的想法和感受，然后指出错误之处，并提出改进的建议。

在孩子的成长过程中，情感支持是他们最基本的需求之一。父母的倾听和理解、多种表达爱的方式，以及积极的反馈和激励，都能让孩子感受到被理解、被接纳、被关注和被认可，从而建立起对父母的信任，发展出健康的自我认同。

▶ 挫折上的支持：帮助孩子应对挫败 ◀

孩子面对挫折和失败时，需要父母的支持和指导，以帮助他们从中吸取经验教训，并在未来的生活中更好地应对类似的情况，变得更加坚强和有信心。

培养孩子的抗挫能力

当孩子在学习或生活中遇到挫折时，父母可以用积极的心态帮助他们化解困难，从而提高孩子的抗挫能力。

首先，父母可以帮助孩子认识到挫折是成长的必经之路，而不是阻碍他们成长的障碍。其次，父母可以教孩子如何用积极的态度去面对挫折。当孩子在学习或生活中遇到挫折时，很容易感到失落、无助、绝望等。这时候，父母可以和孩子一起探讨，帮助他们找到积极的一面。例如，这次挫折让他们更加了解自己的问题所在，更加明确了未来的学习目标，从而为将来的成长打下坚实的基础。

比如，孩子在学习数学时遇到困难，考试不及格了，此时父母可以和孩子一起积极面对挫折，把它看作发现自身问题的机会。例如，孩子可能没有掌握好基础知识，或者对题目理解不够深入。父母可以帮助孩子有针对性地进行补充学习，最终提高学习成绩。

让孩子建立自我价值感和自尊心

让孩子建立自我价值感和自尊心可以帮助他们更有信心去面对挫折，也会更有动力去克服困难。

例如，一个孩子在学校表现不佳，经常被老师批评，同时也被同学嘲笑。如果父母没有正确地引导，这个孩子可能会觉得自己没有价值，开始变得自卑，缺乏自信心。如果父母正确引导，这个孩子就会从内心开始建立自我价值感和自尊心，意识到自己的错误和不足，并且知道自己可以通过努力来改善这种情况。

父母可以从以下几个方面来入手。

◎ 在孩子犯错误或遇到困难时，给予他们支持和鼓励，而不是批评和责备。这样可以让孩子感受到父母的爱和关心，从而增强他们的自尊心。例如，在上述的例子中，父母可以告诉孩子，犯错误并不可怕，重要的是能够从错误中学到经验，并找到改进的方法。

◎ 鼓励孩子发掘自己的优点和潜力。这些优点和潜力不一定要与学习成绩相关，也可以是孩子在生活中表现出来的一些积极的品质和能力。例如，孩子可能很擅长画画，喜欢帮助别人，或者有很好的沟通能力。父母可以通过表扬孩子的优点，让孩子知道自己的价值和重要性。

◎ 父母还可以通过与孩子建立良好的沟通和信任关系，来提高他们的自我价值感和自尊心。当孩子感受到父母的信任和支持时，他们会更加自信和勇敢地去面对困难和挫折。

培养孩子解决问题的能力

当孩子面临困难或挫折时，家长的职责是提供指导和支持，而不是直接解决问题。通过帮助孩子掌握解决问题的方法和策略，我们可以培养他们的自我控制力和自信心。

一种方法是直接教孩子如何解决问题。让孩子知道，解决问题是一个过程，需要耐心和实践。我们可以通过问孩子一些引导性问题来启发他们的思考。例如，当孩子在学习过程中遇到困难时，我们可以问问他："你有什么想法可以帮助你解决这个问题？"这样的问题可以帮助孩子思考解决问题的方法，同时也让他们意识到自己可以控制解决问题的过程。

另一种方法是通过示范来教孩子解决问题。例如，孩子在下雨天不能出门玩耍时，父母可以提供一个在家的游戏或活动，让孩子看到实际解决问题的过程，同时也激发孩子自己寻找解决方法的动力。

另外，父母还可以使用情境式学习来帮助孩子学习解决问题的方法。例如，将孩子置于虚拟的情境中，让他们解决各种问题和面对各种挑战，孩子需要通过制订计划、分配任务、协调合作等方法，完成一个项目。这种情境式学习可以帮助孩子获得实践经验和技能，同时也增强他们的自信心和解决问题的能力。

在孩子的成长过程中，挫折是不可避免的。作为父母，我们的角色是支持和引导孩子面对挫折，帮助他们建立积极的心态，提高抗挫力，增强自我价值感和自尊心，以及培养解决问题的能力，从而更好地应对未来的挑战和困难。

6

家庭管理力：做松弛不焦虑的家长

　　甘先生自二宝降生以来，生活节奏骤然加快，身心皆感疲惫不堪。他不仅要应对职场上的重重挑战，还需兼顾家庭琐事，尽管有母亲协助照料孩子，但他总觉得传统育儿方式过于简单粗暴，害怕对孩子成长不利。

　　在此情境下，甘先生的太太也承受着巨大压力。作为两家门店的管理者，她的工作虽赋予她一定自由度，但不固定的工作时间仍让她难以平衡家庭与事业。回到家中，面对育儿的责任，她时常感到力不从心。因此，夫妻二人频繁因育儿理念及家务分配等问题发生争执。

　　经过深思熟虑与坦诚沟通，甘先生与太太做出了一个大胆的决定——甘先生主动辞职，承担起家庭"超级奶爸"的角色。这一决定在初时遭遇了来自双方父母的质疑，尤其是甘先生的父母，他们认为男性应以事业为重，居家育儿并非传统之道。

　　然而，时间是最好的证明。两年多时间里，甘先生与太太的合作使得家庭高效运转。他们根据各自的优势与家庭需要，形成了"男主内，女主外"的独特分工模式，顺利度过了孩子们成长的关键时期。

　　如今，随着第二个孩子步入幼儿园，家庭生活的重心逐渐调整。

甘先生也适时地重返职场，继续追求自己的职业梦想。

另有一位全职妈妈，在决定重返职场后，勇敢地投递了项目经理的职位申请。在众多应聘者中脱颖而出，成功获得这一职位时，她感到既惊讶又激动。她不禁好奇地向领导询问原因。

领导说："你以前在家中不仅负责照顾两个孩子的学习与生活，还精心规划家庭事务，确保家庭经济的稳健运行。你还要处理家庭中的日常琐事与突发状况，让家庭成员之间的关系和谐融洽。这些方面说明你具备组织与规划、管理与沟通、协调解决问题的能力，相信你能做好这份工作。"

家庭管理力，即管理家庭生活的综合能力。它涵盖家务分工与合作、时间统筹与规划、精力管理及高效执行等多方面技能。这些能力不仅提升家庭生活质量，增进成员间的亲密关系，也助力孩子更好地成长。

在家庭中，这些技能可以根据家庭成员的特长和能力来发挥，如果家庭经济条件允许，聘请专业服务人员分担家务、购物等事务，亦是减轻家庭管理负担的明智之举。

▶ 懂得分工与合作，让家庭更公正与平衡 ◀

李明和张丽是一对结婚五年的夫妻，李明从事管理工作，平时比较忙碌。而张丽则从事行政工作，日常工作虽不似李明那般忙碌，却也要事无巨细地处理不少事情。每天回家后，大部分时间都是张丽一个人忙着做家务，还有孩子的作业要辅导，而李明则是往沙发上一躺。为此张丽心有不满，终于在一次家务琐事上大发雷霆，彼此都很受伤。

还记得一位先生来找我辅导，他说这婚姻没法过下去了，他全力在外面打拼赚钱养家，太太全职在家，现在小孩也上小学了，家里的事情也不是很多。很多时候先生下班回来后发现太太饭都没有做，还坐在沙发上看电视，而且经常还要先生下班带菜回来。

为这些事情先生没少和太太吵架，希望太太能分担家庭的一些事务，不要把家里家外的事情都推给丈夫来承担。每当先生这样说，太太就很生气，觉得丈夫不体谅她，虽然自己没有上班，但是家务活也不少，自己看一下电视也要管。于是太太家务也不做，孩子也不管，全都让先生去做。为此先生感觉心力交瘁，对婚姻丧失了信心。

像这样的事情每天都在很多家庭上演，不仅影响了夫妻亲密关系的建立，也影响了孩子的成长发展。这就是家庭管理中的分工与合作没有做好。想象一下，当夫妻双方能够明确各自的职责，默契配合完成家务、照顾孩子和老人，那么家庭生活无疑会变得更加有序。

那么，在家庭里，如何来进行家庭事务的分工与合作呢？

根据家庭成员的特长进行合理的分工

比如太太比较擅长收纳整理，先生比较擅长做饭，太太购买东西比较有经验，先生带孩子玩耍比较有优势，就可以根据各自的优势进行分工，在工作量和时间上平衡，且双方能够接受为好。如果太太为全职妈妈，则在家务方面承担得多一些，毕竟先生要把更多的时间放在赚钱上，以便担负起整个家庭的开支。

如果双方都不愿意做，同时家庭经济条件不错的，可以雇用专业的服务人员来进行一些家务劳动，双方可以把更多的时间和精力放在自己感兴趣和可以产生更大价值的事情上。

像前面李明和张丽夫妇，冷战一段时间后，两人决定坐下来，心平气和地讨论家务分工问题。张丽会烹饪，会整理收纳，总能将家里打理得井井有条，而李明以前上学成绩还不错。于是，他们商定：张丽负责每日的餐食与卫生，而李明则承担起孩子作业的辅导任务。这样的分工不仅让两人的专长得以发挥，还大大减少了因家庭事务分配不公而产生的冲突。

尊重他人的劳动成果

一个平衡和谐的家庭，理应是夫妻双方都能感受到被对方尊重和感激。

莫芳是一名幼师，她的老公是公务员。每当她做家务感到疲惫，向先生诉苦时，先生就会说："你要是忙不过来，可以把工作辞了啊。"在先生看来，由于他挣钱更多，且承担了家里的大部分开支，因此太太理应承担绝大部分的家务。

对太太而言，做幼师虽然收入不高，但为她带来了工作上的满足感和成就感。她感觉先生并不理解她，也得不到先生的认可和尊重。实际上，对于莫芳来说，尽管她付出更多，更为辛苦，但若能得到先生的体谅和感激，这样的回应也能让她的心理感受好些。她希望先生能和她一起分担一些家庭事务，但这个愿望常被先生忽视，导致她的日子过得非常憋屈。

学会有效表达

学会有效表达，是维护家庭和谐与提升亲密关系质量的关键。

比如先生对太太说："要不是有你把家管理得这么好，我完全没办法全心全意工作，感谢你啊。"这样的话语会让太太听后心理感受上比较好，太太辛苦点也不会有太多不满。

太太也可以和先生说："我感到压力很大，一个人做这些事情很不快乐，如果每天能够快点把家务处理完，我们就有更多的时间做些自己感兴趣的事情，你能帮帮我吗？"这样说先生往往会答应。你表达的不仅仅是对对方的要求，还有这样做了对方也会得到好处。这样说效果就会更好。

而现实生活中，我们经常看到的是太太一边抱怨指责先生不帮忙，一边又很委屈地做着家务，常常让先生也不知所措，还觉得太太刁难自己，不好相处，对亲密关系也没有信心。

当然，在家庭生活中，我们确实也可以看到在伴侣身上有一些需要改进的部分，比如做事拖拉，效率低，不会解决问题。所以，学会高效地管理自己，做好时间和精力管理就显得很重要。

▶ 学会时间管理，打造轻松有序的家庭生活 ◀

时间是有限的资源，因此，高效的时间管理至关重要。了解如何制定明确的目标和计划、分清轻重缓急、避免浪费时间、合理统筹规划以及利用时间管理工具等，都可以帮助我们更好地利用好每一天。

制定明确的目标和计划

日常生活也需要清楚地知道自己想要达成的目标和任务，并制订详细的计划和时间表，以便更好地掌握时间并安排任务。设定目标时，应确保它们既具有挑战性，又是可实现的。

分清轻重缓急

需要学会区分任务的轻重缓急，优先完成重要和紧急的任务，从而提高工作效率和时间利用率。四象限时间管理法能使我们更好地知道如何来管理好时间。

四象限时间管理法

程度	重要且紧急	重要但不紧急	不重要但紧急	不重要也不紧急
描述	需要立即完成，对目标或生活有重要影响	与目标或生活相关，但没有紧急性	需要立即完成，但对目标或生活没有重要影响	没有紧急性，也不与目标或生活相关
例子	孩子生病了要去医院	健身	快递到了要拿	刷短视频、游戏
处理方法	立即处理	计划和准备	快速完成或授权他人完成	避免或减少

注意：每个家庭的任务和情况都不同，可以根据自家的情况进行调整。

避免浪费时间

家长需要避免浪费时间，比如刷社交媒体、看电视、无意义地聊天等，定期审视自己的日常习惯，识别哪些活动是低效或无益的，并逐步减少或取消这些活动。将时间用在更有意义的事情上，比如阅读、社区活动或陪伴家人。

学会统筹规划

家庭日常生活似乎总是充满了琐碎的任务和计划，但如果我们能够有效地统筹规划，将这些任务整合到一个有序的日程中，就能够减轻压力，提高生活质量。这包括时间、资源和任务分配等方面的规划。

我有一个姐姐，在烹饪这方面能力就很强。每当她来我家帮忙准备餐点时，总能在短时间内做完一桌丰盛的菜肴。她的秘诀就是会统筹安排。她会先启动那些需要较长时间蒸煮的菜品，然后利用这段时间去准备其他食材和菜品，这样一来，时间用得很高效。

统筹安排也包括明确家庭成员的分工与合作，根据家庭成员的能力和兴趣分配任务，通过适当的激励措施，鼓励家庭成员参与家庭管理，增强家庭凝聚力，让每个人都有所贡献，使家庭事务有条不紊地进行。

使用时间管理工具

现代时间管理工具能够帮助家长更好地管理时间和任务，比如同步日历软件、时间提醒软件、任务管理应用等。家长可以适当地利用这些工具，提高时间管理的效率和准确性。

家庭时间管理不仅仅是一种技能，更是一种生活态度。通过有效地利用时间，我们可以为家庭成员创造更多的共同时光，增进彼此的理解和情感，同时为个人成长和家庭发展留出空间。

以下是香香小朋友家庭时间规划安排表。

家庭统筹规划安排表

时间	任务	家庭成员分工与合作
每周晚上	家务	妈妈负责做饭洗碗，爸爸负责收拾餐桌，香香负责摆餐具
每周晚上	学习	香香自己做作业，妈妈负责提醒监督，爸爸帮忙解决不会的难题
周三傍晚	健身	爸爸和香香去打球，妈妈在家做瑜伽
周六上午	社区服务	全家一起去社区做义工活动
周六晚上	购物	爸爸开车，妈妈采购，香香推购物车
周日全天	自由活动	家庭成员自由安排活动

备注：

①家庭成员分工与合作需要根据实际情况进行调整和安排，最大程度发挥每个成员的优势和兴趣。

②家庭时间规划安排表需要经常进行更新和调整，以保证家庭成员之间的合作和协调。

▶ 做好精力管理，让生活绽放光彩 ◀

精力管理是指激发并管理个体的能量资源，使自己在日常生活中更加高效地运用精力，从而提高工作和日常生活的质量。

我们大部分人都需要在职场与家庭之间扮演多重角色。工作上要处理业务上的任务，家庭里需要照顾孩子的成长、处理家务琐事、维系夫妻关系，还要兼顾个人的成长与发展。这种多重角色的扮演，无疑对我们自身的精力管理提出了极高的要求。

通过科学的精力管理，我们可以更有效地利用和分配时间，更高效地完成家务，提升家庭的幸福感和生活质量。

识别精力波动时间段

每个人的精力水平都存在波动，了解个人的精力高峰和低谷是精力管理的第一步。想象一下，你一天中精力最旺盛、思维最敏捷的时间是什么时候？同样，你一天中最疲劳、思维最迟缓的时间又是什么时候？找到你的精力波动时间段，在你精力最好的时候，做最重要、有难度的事情。比如，和人讨论事情、陪伴幼儿、辅导孩子作业等，这些都是相对费精力的事情。

当状态不佳时，去做一些相对轻松、不太费脑的事情，比如洗衣做饭、购物和拖地等。有张有弛地安排时间，可让效率最大化。但遗憾的是，很多人把自己精力最充足的时间花费在了休闲和娱乐上。

如何找到自己的精力周期呢？方法是观察自己每天每个时间段的精神状态，试着拿个本子记录一周，以便总结出自己的精力时间表。比如起床时头脑是否清晰，观察什么时间点起床是你的最佳状态，以及晚上哪个时间段入睡能让你第二天更容易早起。

通常，上午人的精力会比较旺盛，中午则相对疲倦，而下午和晚上的精力又会有所回升。因此，根据个人精力状态的不同，可以结合时间管理的方法，统筹安排家庭事务，以达到更高的效率。

制订科学的家庭管理计划

合理分工：家庭成员之间分工明确，根据每个人的精力状态来安排家务任务，确保每个成员都了解自己的责任，并在互相理解和尊重的基础上共同分担责任，提高效率。

设定优先级：将家务事务按照重要性和紧急程度排序，主要将精力用在处理重要且紧急的事项上，避免事务堆积。

灵活调整：根据家庭成员的实际情况、精力状态以及季节变化、健康状况或特殊需求等因素，随时调整家庭管理计划，保持高效运作。

注重自我保健

良好的精力管理离不开自我保健。身心健康才能保持充沛的精力。如果不懂自我保健，身体和精力都会被过度透支，失去了健康，这对自身和家庭的损害将更大。

◎ **健康饮食**

保持均衡饮食，合理摄入营养物质，为身体提供所需的能量。饮食是精力的重要来源之一。然而，有些父母早上匆忙上班，随便应付早餐，午餐则选择外卖，晚上则可能大吃大喝。这样的饮食结构不仅导致能量得不到稳定的供应，长此以往还会严重影响身体健康。

有规律的饮食是保证消化系统良好运转的关键。因此，在固定时间范围内用餐有助于我们保持精力的稳定。特别是早餐，人体经过一夜的休息后，血糖水平较低，需要通过饮食来确保精力的恢复。一日三餐中，应多吃富含纤维素、蛋白质和碳水化合物的食物。

在上午和下午的中间时段，可以适量补充一些坚果和水果，这样既能避免产生饥饿感，又能防止中午或晚餐时因过度饥饿而暴饮暴食。

此外，在饮食中还需特别注意水分的摄入。不要等到口渴时才去喝水，而应养成主动喝水的习惯。然而，生活中我们往往会因为忙碌而忘记喝水，这时可以设定一个喝水的闹钟，或者将装满水的水杯放在触手可及的地方，以便随时补充水分。

◎ **间歇性运动**

适量的运动对于提升身体素质、提升精力水平以及提高工作效率都大有裨益。在快节奏的现代生活中，我们可以灵活安排间歇性运动，以缓解长时间久坐带来的疲劳。

每工作一段时间，就起身活动一下，做些简单的拉伸动作，或者快速完成几个俯卧撑，这些都能迅速让精神为之一振。如果时间充裕，每天在固定时间进行一些较为系统的运动，如打球、跑步或去健身房锻炼，都是极佳的选择，能够全面提升身心健康。

◎ **提高睡眠质量**

优质的睡眠为身体和大脑提供了充分的休息，从而有效恢复精力。睡眠的关键不在于时长，而在于质量。想象一下，如果能减少不必要的睡眠时间，同时保证高质量的睡眠，那么节省下来的时间便能用于更多有意义的活动。

如何确保拥有好的睡眠呢？首先，一天中适量的运动能够促使身体疲劳，进而更容易入睡。其次，睡前洗个热水澡有助于身体放松，为良好的睡眠打下基础。

此外，睡前应尽量避免使用手机等电子设备，因为这些设备的蓝光会干扰褪黑素的分泌，影响睡眠质量。最好将手机放置在远离卧室的地方，如客厅。如果实在难以入睡，可以尝试阅读一些较为晦涩难懂的纸质书籍，这有助于转移注意力，减少入睡前的焦虑。还可以通过放松身心，积极暗示自己能够享受一个美好的睡眠，也是提升睡眠质量的有效方法。

◎ **心理调适**

学习情绪管理技巧，可以应对心理压力，这在前面的章节中有详细谈论。还可以尝试每天进行 5 至 10 分钟的冥想练习。冥想作为一种古老而有效的心理训练方法，能够帮助平静心灵，增强专注力。

这里介绍一种简单易行的冥想方法。

首先，选择一个安静且不被打扰的时间和空间，让自己能够放松下来。如果喜欢，可以播放一些轻柔的模拟雨声、海浪声等的白噪音作为辅助背景音乐，以营造更加宁静的氛围。

接着，坐下来，保持身体舒适，挺直但不僵硬。闭上眼睛，将全部注意力集中在自己的呼吸上。每一次吸气，感受气息缓缓进入体内；每一次呼气，感受气息缓缓排出体外。将这一呼一吸视为一个完整的循环，从 1 开始计数，直到呼吸 10 次后，再从 1 重新开始计数，如此循环往复。

在冥想过程中，思想开小差是非常正常的现象，尤其是初学者。当发现自己的注意力偏离了呼吸时，不必过于自责或焦虑，只需轻轻地将注意力重新带回到呼吸上即可。冥想的目的不是要达到某种完美的状态，而是通过这个过程来培养自己的觉察力和专注力。

通过坚持冥想练习，你会发现自己在面对压力和情绪时会更加从容不迫，工作和学习效率也会随之提升。

养育有解：智慧养育的五个维度

⑦

持续学习力：和孩子同频进步

在当今这个竞争激烈、信息爆炸的时代，尤其是在快速发展的人工智能领域，持续学习已成为一种不可或缺的能力。与此同时，作为父母，我们的责任不仅仅在于自己的成长，更重要的是与孩子共同进步。

持续学习需要积极的心态和习惯，它不仅体现在不断获取新知识和技能上，更重要的是表现在不断调整、适应和改进的过程中。对于成年人来说，不断学习意味着不断进步和提高自己的能力和素养，从而更好地应对生活中的挑战和变化。

在孩子的成长过程中，我们扮演着引导者和榜样的角色。通过我们自身的不断学习和进步，我们向孩子传递了一种积极的生活态度和学习态度。我们的行为和言传身教将激励孩子去追求知识、探索世界，并培养他们解决问题、适应变化的能力。

因此，我们与孩子共同成长的过程不仅是一种家庭亲情的表达，更是一种教育的实践和传承。

▶ 做好现代父母角色 ◀

随着社会的发展和变革，父母的角色也在发生转变。传统意义上，父母的角色主要是供养和教育孩子，而现代父母的角色则更多地涉及了引导和发展孩子。具体来说，两者的区别主要体现在以下几个方面。

传统父母的角色

◎ 以管教为主。传统父母在教育孩子时，往往以管教为主，强调规矩和纪律的执行，让孩子明确自己的职责和义务。这种方式的优点是能够建立孩子的纪律性和自律性，但缺点是容易忽视孩子的个性和需求，而且可能使孩子形成刻板印象。

◎ 意志力和恩威并用。传统父母常常会使用恩威并施的方式来影响孩子，强调孩子要顺从长辈，遵守规矩和道德准则。这种方式的优点是能够培养孩子的意志力和执行力，但缺点是可能会伤害孩子的自主性和信任感。

◎ 以学业成绩为导向。传统父母往往会将学业成绩视为孩子的全部，让孩子将大量的时间和精力投入学习和考试中。这种方式的优点是能够促进孩子的学业发展，但缺点是可能会忽视孩子的兴趣和潜能。

现代父母的角色

◎ 引导而非强制。现代父母更注重引导孩子，而不是简单地强制孩子服从。他们尊重孩子的个性和独立思考能力，让孩子发展自己的特长和能力。以理解与支持孩子的需求为出发点，关注孩子的情感需求和心理健康。

◎ 强调个性和多元发展。现代父母注重培养孩子的个性和兴趣，尊重孩子的独立性和自主性，让孩子在多元化的学习和生活环境中得到全面的发展和提升，鼓励孩子探索和尝试各种领域的知识和技能。现代父母不仅仅关注孩子的学习成绩，更注重孩子的兴趣和爱好，帮助孩子在多个领域中发展才能。

◎ 推崇自主和创新。现代父母鼓励孩子自主探索和创新，注重培养孩子的创造力和思辨能力，让孩子在开放的环境中发现自己的天赋和潜力。现代父母认识到自己的知识和技能也需要不断更新和提升，他们会通过各种方式不断学习和探索，以保持自己的学习能力和更新家教知识体系。

要做好现代父母的角色，需要了解并熟悉在线学习。随着互联网的普及和技术的进步，现在可以通过在线平台获取教育资源和课程。这种灵活性使得孩子能够在家中或任何地方根据自己的节奏和兴趣进行学习。特别是现代人工智能的突飞猛进，使得获取知识和相关的技能更加便利。

现代父母还需要更新亲子观念，以适应不断变化的社会环境和教育要求，以便更好地引导和支持孩子的成长。

有一次，我去给一所幼儿园的孩子们上生命教育的课，我让孩子们画"我从哪里来？"。

完成后，收上来的画有几张让我印象深刻。有个孩子画了一个垃圾桶，还有个孩子画了天空。我问那个画垃圾桶的孩子："你为什么画了一个垃圾桶？"

孩子说："有一次在上学路上，我问妈妈我是从哪里来的，妈妈指着路旁的一个垃圾桶说：'你是从这里出来的。'"

那孩子接着说："有一段时间走路的时候老是看这个垃圾桶，想着里面会不会有孩子出来。"

想想有些好笑，另外那个画天空的孩子说她也同样问了这个问题，她妈妈说"你是从天上掉下来的"，这也让孩子特别困惑。

因此，作为父母的我们需要不断提升自我，了解科学教育方法。想象一下，那个认为自己是从垃圾桶中出生的孩子，就有可能会因此感到自己毫无价值。

▶ 四种层次的父母 ◀

在家庭教育中，可以区分四个不同层次的父母，这些层次反映了父母处在成长过程中的不同阶段。

第一层次父母：聚焦孩子

这些父母主要关注孩子的需求和成就，往往忽视了自身的成长和持续学习。我们常常看到这样的父母，带孩子去参加各种兴趣班，为孩子报很多课程，希望孩子能在未来出人头地。然而，他们自己很少进行学习，当孩子学习时，父母可能只顾自己的娱乐。

第二层次父母：转向自身

第二层次父母开始意识到自身的成长需求，他们开始学习。有一位哲人曾说过，做父母的一生中至少有三次机会可以促使自己成长。首先是在自己的成长过程中，通过家庭和学校的教育不断学习和发展。第二个机会是婚姻。伴侣像镜子一样经常观照着自己，帮助一个人更好地看清自己。然而，面对自身的不足，许多人选择逃避而不是勇敢面对。第三次机会是孩子的出生。孩子的存在激励父母不断成长，父母可以通过与孩子的互动和关系，深刻反思自己的成长历程和思维模式。

第三层次父母：延伸家庭

当父母自己和孩子都取得成长时，他们会意识到这远远不够，希望整个家庭一起成长和建设。这样的父母会努力经营家庭，无论是与父母还是与其亲人之间，他们都能够营造出融洽、和睦、温馨的氛围。这样的家庭令人感到幸福，他们的家风家训代代相传，使得整个家族兴旺发达。

第四层次父母：着眼社会

第四层次的父母会站在更高的层次上思考，并且开始为社会提供更多、更有意义的服务。我相信，一旦前三个层次得到充分发展，步入第四层次将是自然的。当然，这些层次并不一定按照顺序展开，它们可以同时展开，也可以从第二或第三层开始。

下面，我们通过一则生活实例，见证一位妈妈角色转变的过程。

张女士初为人母时，满怀着对孩子未来的憧憬与关心，将全部的注意力倾注在孩子身上，积极为孩子安排各类辅导班和兴趣班，期待孩子从小就能脱颖而出。幸运的是，孩子实现了他们的愿望，在学习上表现优秀，成为老师和其他家长眼中的好孩子。

然而，随着孩子的成长，到了初中的时候，妈妈开始发现一些令人担忧的问题：孩子对学习的兴趣逐渐消退，学习成绩也出现下滑迹象，甚至开始对学习产生抗拒。面对这个挑战，张女士陷入了焦虑和担忧之中，并开始反思自己的教育方式。

张女士意识到，作为父母，自身的学习和成长同样重要。因此，她主动寻找解决办法，学习如何更好地与孩子沟通、激发孩子的学习兴趣，并寻求专业老师的指导。在这个过程中，她逐渐认识到，她的成长不仅仅是为了孩子，更是为了自己。

通过深入地学习和实践，张女士找到了与孩子相处的平衡点。她开始关注孩子的内心世界，尊重孩子的个性和兴趣，同时，她也更加注重家庭氛围的营造。她意识到家庭是一个整体，每个成员的成长都至关重要，她鼓励老公也参与到孩子的教育中来，积极营造良好的家庭关系，他们相互支持，共同成长。

随着孩子的变化和家庭幸福感的提升，张女士开始关注社会问题，并带动家庭成员积极参与社区活动和志愿服务。同时，她也将自己在育儿过程中的心得和体会进行整理。在社区举办育儿讲座，分享自己的育儿经验和心得。她的讲座内容丰富实用，既有理论知识的讲解，又有实际案例的分享，深受家长们的欢迎。这些讲座不仅帮助家长们解决了许多育儿难题，还让她更加深入地了解了孩子的内心世界和成长规律。

此外，张女士还积极利用网络平台，通过短视频、微信公众号等平台传播育儿心得。这些内容不仅受到了家长们的广泛关注和好评，还引起了一些教育专家的关注和认可。

如今，张女士已经成为社区里备受尊敬的育儿专家。她的家庭和谐幸福，孩子健康成长，而她也在这个过程中收获了成长和喜悦。

▶ 父母成长之道：持续学习的五种方法 ◀

父母如何持续学习？方式有很多种，以下是一些常见的方法。

阅读教育类书籍和资料

现在，众多优质的教育类书籍和在线资源有助于父母理解现代教育方法和理念。父母可以定期阅读这些书籍和文章，学习如何培养孩子的兴趣爱好，如何与孩子建立良好的沟通关系，如何帮助孩子树立正确的价值观和人生观，等等。

参加培训和课程

有些培训机构或学校会开设家长培训或亲子教育课程，这些课程可以帮助父母了解最新的教育动态和趋势，了解孩子的心理和发展特点，并学习一些实用的育儿技巧。

加入教育交流群体

在社交媒体上或者社区里可以找到很多与教育有关的群体，

父母可以加入这些群体，与其他父母交流学习经验和方法，借鉴他们的育儿经验和教育方法。

咨询专业人士的建议

当孩子遇到一些教育和心理问题时，父母可以咨询专业人士，比如家庭教育专家或心理学家、教育学家，以获得更好的建议和帮助。平时也可以多关注一些教育专家和其他领域的资深人士，了解他们的教育观点和经验。

利用 AI 工具和互联网资源

现在，借助先进的 AI 工具和丰富的互联网资源，我们能够高效地提炼并创造多样化的知识体系，获取最新的教育理念与方法，极大地促进个人学习与成长。

以上这些方法都可以帮助父母持续学习，不断更新知识和技能，更好地引导孩子成长。

各种学习方法的优缺点或适用场景如下：

学习方法	优点	缺点	适用场景
阅读教育类书籍和资料	提供多样的知识和方法，可以选择适合自己的书籍	需要较强的自学能力和自律性	适合有自学能力和时间的父母
参加培训和课程	获得专业的指导和实践经验，可与其他家长交流	需要投入时间和金钱，课程质量参差不齐	适合希望系统学习的父母
加入教育交流群体	获取实用的育儿经验，得到情感支持和鼓励	需要筛选信息，避免盲目跟风	适合希望获取即时反馈的父母

学习方法	优点	缺点	适用场景
咨询专业人士的建议	获得针对性强、专业的建议和解决方案	需要支付一定费用，专家意见也存在差异	适合遇到育儿难题的父母
利用 AI 工具和互联网资源	获取丰富多样的教育资源，学习方式灵活	需要筛选信息，避免信息过载	适合希望随时随地学习的父母

第四章　方法技能：好父母一定要学会的五种能力

练习 5

好父母的五朵生命之花

打分

请在以下每片花瓣上给自己的五种能力评分，0 分为特别差，10 分为特别好。

情绪管理力

持续学习力　　有效沟通力

家庭管理力　成长支持力

提分计划

根据自己的评分，找出其中得分最低的一个能力，并为该能力制订提分计划。请回答以下问题：

① 哪个能力的评分最低？

② 为什么你认为该能力的评分最低？

③ 你打算如何提升这个能力？

④ 具体的行动计划是什么？

优秀父母必学的五种能力

◎ 情绪管理力

过往情绪：情绪画像转化法

当下情绪：放松法及 3W 问题解决法

未来情绪：现实分析法

平稳情绪：五步情绪转化法

◎ 有效沟通力

学会倾听、学会表达、学会引导

◎ 成长支持力

学习上的支持、情感上的支持、挫折上的支持

◎ 家庭管理力

懂得分工与合作、学会时间管理、做好精力管理

◎ 持续学习力

做好现代父母，在四层次上不断进步，持续学习成长

认知理念：
一念之转，亲子家教大不同

> 塞翁失马，焉知非福。
>
> ——《淮南子·人间训》

① 妈妈，我是个没用的人

"妈妈，我是个没用的人！"

这句话突然从孩子的口中冒出，像一根尖锐的针，刺痛了妈妈的心。妈妈没想到孩子会如此贬低自己。这个熟悉又刺耳的话语让妈妈不由自主地回想起了在孩子身上发生的一些事情。

自从孩子步入了小学，妈妈发现孩子因为学习问题没少受到父母和老师的批评。特别让妈妈头疼的是孩子的数学，一些题目教了很多遍，孩子还是不会做。每当这时，孩子爸爸总会忍不住说孩子："你怎么这么没用啊，这么简单的题都不会做！"

妈妈和孩子爸爸谈过很多次，让他不要口无遮拦地贬低孩子，但是每当情绪上来时，孩子爸爸总是忍不住。有一次，孩子回家时情绪有些低落，原来是老师当着全班人的面把他训斥了一顿，也说了孩子"真是没用的人！"。

后来发现，孩子的自信心越来越低，对数学也逐渐排斥，现在快要进入中学了，感觉孩子自卑感越来越强，也不太愿意去结交朋友，妈妈担心这样下去会影响孩子的成长发展。

面对孩子对自己的这样评价，理理师傅也不禁叹了一口气。

那么，他人的评价究竟会对一个人产生怎样的影响？人们是如何接受并认同这些评价的呢？要了解这个部分，我们先从亲子观谈起。

养育有解：智慧养育的五个维度

② 传统父母与现代父母的亲子观

生活中，亲子冲突导致严重后果的案例时有发生。这些案例通常表现为父母对待孩子的方式不当。同时，也有很多孩子怨恨父母，特别是在青春期，与父母发生冲突甚至暴力的情况也不少见。

这些案例中存在一些共性的特点，主要包括以下几个方面。

◎ 家长采用单一的管教方式，以说教和指责为主。

◎ 家庭关系不和睦，孩子缺乏关爱或存在过度溺爱。

◎ 孩子负面情绪缺乏疏导的出口。

◎ 孩子抗挫折力较差。

◎ 孩子自我价值感低。

◎ 孩子存在不良行为习惯，比如沉迷网络、好吃懒做、作息紊乱等。

因此，让我们看看传统父母和现代父母的亲子观。传统父母通常按照他们所传承下来的教养方式来教育孩子，他们没有持续学习和更新自己的教育理念及方法。当孩子出现问题时，他们才开始寻求帮助，往往认为问题出在孩子身上，和自己没有关系。

传统父母具有以下特点：

◎ 采用传承下来的教养方式。

◎ 无效的沟通模式，以说教和指责为主。

◎ 自己无法做到的事情，却要求孩子要做到。

◎ 难以释怀过去的事情，对现在的事情感到焦虑。

◎ 很少反思自己的问题和行为。

◎ 注意力主要集中在孩子当前的学习上。

传统父母的亲子观决定了他们的教养方式，比如他们认为只有严格管教孩子才能取得成功，孩子只有考上大学才有出息等。

相反，现代父母具有以下特点：

◎ 持续学习与成长，跟上时代的变化来教育孩子。

◎ 与孩子进行有效的沟通，掌握沟通方法。

◎ 关注自身成长，意识到自己作为榜样的重要性。

◎ 注重未来，培养符合未来社会需求的孩子。

◎ 会总结和反省，及时调整教养方式。

◎ 相信孩子具有潜力，重视孩子综合发展而非仅仅关注成绩。

据说国外的一家马戏团正在演出，人们看到一头大象被细细的绳索拴在一棵小树上，乖乖地站在那里，不远处就是大象梦寐以求的森林。人们问马戏团的首领，大象愿意跟着你们表演吗？首领答道："大象做梦都想回到森林。"

人们不解，那大象为什么不跑呢？首领一努嘴说："你们没看到那条绳子吗？它拴着大象呢！"人们就笑起来说："这条绳子怎么能拴住大象呢？只要它一使劲，这么细的小绳子马上就断了，大象就能回归森林啊！"

首领说："你们说得对。但是，大象永远不会去挣脱那根细细的小绳子。它知道自己是无法挣脱这根绳子的。你们要知道，这头大象很小的时候就被绑住了。它无数次地想挣脱绳子，都失败了。久而久之，小象知道自己的努力是徒劳的，知道自己是无法挣脱这根绳子的，它就不再做这种无用的努力了。"

那么，拴住大象的这根绳子是什么？它就是理念。大象难道没有能力挣脱绳子吗？当然有，只要它想走随时都可以。可是它就是被困在那里。所以，理念不对，后面的行为就会受到影响，自然就会呈现不同的结果。而且如果理念不对，但能力和行动力越强，则危害越大。

所以，我们要思考一下，我们教育孩子的过程中用的是不是适合孩子成长的理念？这一点很重要，它往往会把孩子导向不同的方向。

有一个父亲认为培养孩子就是给他提供最好的环境，并及早锻炼孩子的独立性。所以他在孩子上小学的时候就将其送到了全日制私立寄宿学校去读书。这个学校硬件环境和师资都比较好，但是孩子还小，离家又远，孩子经常看不到父母，感受不到父母的爱，需要及时得到父母支持的时候又得不到。

很不幸的是，这个孩子在二年级的时候遭受了同学的欺凌，加上本身性格比较内向，一直感到很压抑。然而，这件事情又没有途径去诉说，父母也不知道。他就在那样的环境中度过了他的童年。

后来到了中学，他以为换了一个环境就会变好，但是发现童年的阴影一直都在，他很难和同学建立好关系。到了初二的时候，他再也坚持不住了，开始不去上学，这使得他的父母也大感意外，想不明白为什么给孩子提供了这么好的条件，最后孩子连学都上不了。

其实，这个父亲没有明白，对孩子来说最好的是最适合孩子的，而不是将自己的教育观念强加给孩子。父亲之所以将孩子送到全日制私立寄宿学校，是出于他自己的理念，即提供更好的环境和培养孩子的独立性。然而，这个理念并没有考虑到孩子的个体差异和情感需求。对这个孩子来说，他从小就缺乏安全感，独立能力不足，他的成长需要有个过渡的时间。孩子面临困难和欺凌时，无法得到及时的解决和疏导。这种情况下，童年阴影逐渐累积，对孩子的心理和情绪就产生了负面影响。

③

重塑理念，升级你的养育系统

💡 培根说："思想决定行为，行为决定习惯，
习惯决定性格，性格决定命运。"

我们的行为会受到我们思想理念的影响。

一个妈妈要求孩子放学后必须先完成作业才能玩，孩子因此感到受限。在学校已经学习了一天，回家又开始学习，他很想先玩一下再做作业。然而，妈妈却持不同意见，导致亲子冲突频繁发生。

我们可以看到妈妈之所以坚持要让孩子先完成作业再去玩，是因为她认为：如果孩子不先完成作业，作业就无法完成，从而影响学习。而这个想法背后还有更深层的理念，即她认为学习比玩更重要，孩子是没有自我管理能力的。当她坚持这种理念时，就会导致她做出相应的行为。

为什么我们的理念很难改变？主要是因为这些理念存储在我们的潜意识中，它们不容易被识别，而且要找到它们并进行修正并不容易，需要不断地练习来形成新的认知。

我们可以发现，亲子关系良好的家庭和亲子关系糟糕的家庭

之间的差异往往体现在认知理念上。理念会决定行动，而行动则产生相应的结果。

例如，我们可以问自己，学习真的比玩更重要吗？仔细思考一下，我们会发现很多成功人士也是善于玩乐的人，相反，玩乐有时不仅不会影响学习，还可以促进学习。

我们还会发现，当一个人在玩耍的时候是很专注的，而且也是放松的且乐于接受挑战的，会去尝试不同的、有趣的可能性。适当的玩乐还是一种有效的调节机制，如运动能够促进大脑分泌内啡肽，短期内能增加如多巴胺、血清素和去甲肾上腺素等激素，促进大脑的血液循环和氧气供应。这些都有助于提高记忆力和反应速度，帮助大脑从紧张的学习中恢复过来，提高学习效率。

有一天晚上，我对孩子说："我们下去玩玩吧。"当我们走到小区娱乐区域的时候，看到秋千上没有人，于是他们欢呼着跑过去，在忽高忽低的秋千上大声地尖叫嬉笑，笑声传遍周围。

我默默地坐在一旁看着他们，感觉他们的笑声是这么的发自肺腑。他们就那样玩了快半个小时，我一直没有去打扰他们，我希望他们在这样的玩乐中能够释放掉积压的一些负面情绪和压力。

因此，当你的理念开始改变时，也许下次孩子向你提出想先玩一下再做作业的时候，你可能会试着尝试新的可能性，从而带来不同的结果。

我应邀去一所学校讲座，上完课后一位家长跑上来加了我的微信。有一天她在微信上留言问我一个问题。那天我非常忙碌，直到晚上才回复了她的消息，但意外地发现她已经把我删掉了。

当时我很好奇，想知道她为什么会这样做。所以我重新加了她，并问她为何删除我。她说她问了我一个问题，发现我很久没有回复，

养育有解：智慧养育的五个维度

所以她认为我不会回复。我说："你有没有考虑到我可能因为忙碌而没有时间及时回复？"她说她没有考虑到这一点。

她认为自己的需求应该马上得到回复，而没有得到及时回复则会引发她的不安和不满。而她却不能站在我的角度去思考问题。

你看，这位家长思考问题背后的理念是："我的需求应该得到及时回应。"是不是有点以自我为中心的感觉？

想想看，带着这样的理念生活，是不是会在现实生活中碰到很多问题，会导致很多误解和沟通障碍？这种理念在亲子关系中会体现为对孩子要求苛刻，认为孩子应该遵循她自己的行为标准，从而导致很多的亲子冲突。

理念非常重要，它指导着我们的行动。当我们改变亲子理念时，亲子关系也会发生变化。作为家长，我们应该反思自己的理念和行为对孩子的影响，并不断更新和调整自己的理念，以适应孩子成长和变化的需求。

④
理念被塑造的三种方式

你是否思考过你的理念从何而来呢？如果你仔细观察，你会发现每个人对于亲子教育的理念和实践都是独特的，因为每个人的亲子观并非天生具备，而是在成长过程中逐渐形成的。

我们生活在一个不断接收信息的世界中，尤其是在童年时期，我们接收到的信息对于塑造我们的理念至关重要。这些信息的来源多种多样，包括父母、兄弟姐妹、朋友、权威人士、老师、媒体以及我们所处的文化背景等。这些信息被我们吸收并渗透到我们的思维中，慢慢就形成了我们的理念，并决定着我们的思考方式和态度。

通过反思和审视我们的理念的来源，我们可以更好地理解自己，并有机会重新评估和调整我们的亲子教育理念，为孩子的成长与发展提供更好的支持。

具体来说，我们的理念受到以下三种方式的塑造。

▶ 方式一：语言 ◀

从小到大，我们听到了哪些语言？小时候我们经常听到的是"要努力读书，这样将来就能找到好工作""吃得苦中苦，方为人上人""不要玩，玩是没有出息的"，等等。这些语言伴随着我们成长，逐渐进入我们的大脑和潜意识。因此，在教育孩子时，我们往往不自觉地会说这些话语。

举个例子，妈妈对孩子说："你看，拖拖拉拉的，都这么晚了，作业还没做完，你怎么这么笨啊。"说一次或许没有什么关系，但如果经常这样说，孩子还认可了，就会觉得自己是个笨小孩。

那么，妈妈这句话背后的理念是什么呢？

背后的理念是：你做作业不行，你没有时间管理能力，你是个笨小孩。当她持有这样的理念时，她会如何对待孩子？而当孩子接收到这样的信息后，会有什么反应？

假设她能够重新塑造对孩子的看法，相信孩子一定能够做好自我管理，相信他有能力完成作业，只是暂时还没有找到适合自己的方式方法，而且相信他不是笨小孩，那么她的行为就会相应地发生变化。

▶ 方式二：模仿 ◀

从小到大，我们看到了什么？曾经看到过一个视频，一个3岁左右的孩子在吸烟，动作非常娴熟，看后让人惊讶。原来，孩子的父母常年在外地打工，孩子从小就看着爷爷吸烟，慢慢学会了。对于这个孩子来说，这种行为就是正常的。

有一个女孩，从小在父母的争吵中长大。有一天，她应邀去她的同学家玩，发现同学家的父母说话都很温和。她很惊讶地对同学说："你的父母说话怎么都这么和气？他们说话不是应该都很大声吗？"

有一个爸爸总是热心助人，经常参与社区志愿者活动，还在周末带着孩子参加，如清理社区环境、给社会活动做志愿者、为弱势群体提供帮助。孩子从小见到爸爸的行为，看到他为社会做出贡献，逐渐形成了一个理念：帮助他人是一件重要而有意义的事情。随着孩子的成长，这个理念逐渐深入他的潜意识中。他开始主动参与学校和社区的志愿者活动。踊跃参加学校组织的募捐活动，他在行动中体验到帮助他人的快乐和满足感，潜移默化中，这也进一步坚定了他的理念。

▶ 方式三：事件 ◀

从小到大，你经历了什么？回想一下你小时候曾遇到的重大事件，同时思考这些事件对你目前的亲子理念产生了什么影响。

我想起了一对母子的故事。当孩子进入青春期时，与妈妈之间产生了许多冲突。有一次，妈妈让孩子去理发，孩子去了理发店，发现店里还有很多人在排队。于是他决定在等待的时间里拿出刚买来的乐高玩。

理发结束后，孩子继续留在理发店旁边搭建乐高而没有回家。就在他即将完成搭建时，妈妈过来找他，看到他在理发店旁玩乐高而没有及时回家，感觉孩子的玩心很重，一气之下把他的乐高扔到了旁边路上，不巧被一辆经过的车辆压碎了。

孩子说，那一刻他的心也碎了。这件事对他产生了很大的影响，逐渐在他心中形成了一种理念：自己是不被爱的，自己得不到父母的尊重。

一个女孩，外貌出众，事业有成。年龄很大了，却一直不敢找男朋友。她自己也不明白原因，只是感觉不敢去谈恋爱，充满了恐惧。原来这个女孩从小是抱养过来的，大概在幼儿园的时候她就知道了这个事实，因为经常听到周围的邻居在闲聊时议论她是被抱养的。

随着她慢慢长大，特别是遇到一些不如意的事情时，她就会觉得自己是不被爱的，是被抛弃的人，人是不可信任的。这种理念阻碍了她与他人建立深入的情感连接，也阻碍了她追求爱情和幸福的勇气。

经历对一个人的理念有着重大的影响。我们在教育孩子时，需要特别关注重大事件对他心理产生的影响。因为经历过特定事件后，孩子可能形成一种深深根植于内心的理念，这将塑造他对自己、他人和世界的态度。

总结起来，我们可以将以上三种方式促使个体形成理念的过程概括如下。

◎ **语言的塑造：** 个体在成长过程中接收到的语言和教育对其形成理念产生重要影响。这些语言会进入个体的大脑和潜意识中，并在教育孩子时不经意地传递给下一代。因此，关注我们在教育中使用的语言和表达方式对孩子的影响至关重要。

◎ **模仿的影响：** 孩子通过观察和模仿身边大人的行为，无论是积极的还是消极的，从而形成理念。因此，大人在言谈举止上要成为良好榜样，以引导孩子形成积极的理念和行为模式。

◎ **事件的经历：** 个体在经历特定事件时，会在情绪上产生重大反应，并形成持久的理念和自我认知，影响对自己、他人和世界的态度。我们应关注并积极应对这些事件，重塑积极的理念。

⑤

三类语言检验你的亲子观

在亲子家教中，父母经常会使用一些语言来表达对孩子的不满。

"你必须好好学习，将来才会有出息。"
"你总是不守时，经常迟到。"
"你通不过这次考试，你人生就完蛋了。"
......

在我们的思维系统中，有时会形成一些不合理的信念，这些信念会影响我们的情绪、行为和决策，对我们的心理健康和人际关系产生不良影响。因此，在个人成长和家庭教育中，我们应该学会识别和纠正这些不合理的信念，培养更加积极、灵活和全面的思维方式，以促进健康的情绪和积极的行为。

▶ 过分概括化 ◀

过分概括化是一种认知偏差，指倾向于根据个别经验或事件，将其推广为普遍的真理或规律。这种思维方式忽略了事物的多样性，简化了现实世界的复杂性。

比如下面的语言：

"你怎么总是迟到？"

"你走路怎么总是这么慢？"

"为什么我说话你总是不听？"

"你考试从来都不及格！"

"你做作业从来就没有好好做过！"

上面这些语言有一个特点，就是会说"总是""从来"这样一种过分概括化的话语，其典型特征是以一件或几件事来评价自身或他人的整体价值，比如基于个别的负面经历或失败，扩大应用到其他类似的情境中。例如，一个人在某个领域经历失败后，可能会过分概括为自己在所有领域都无法成功。这种过分概括化不仅打击了个体的信心，也限制了个体对其他可能性和机会的探索。

这种思维方式主要表现在两个方面。

其一，个体对自身的片面认识和评价。有的人往往以自己做的某件事或某几件事的后果来评价自己整个人，断定自身的价值，常会导致自负或自卑等消极心理，产生相应的不良行为。

其二，个体对他人的片面认识与评价。例如，当别人稍有过失或不合自己的意愿时就认为其"绝对坏，一无是处"，从而一味地责怪他人，甚至出现打击报复、逃避与他人交往等不良行为反应。

为了克服过分概括化，我们需要培养批判性思维和灵活性。这包括更加细致地观察和分析事物，扩大视野，寻找证据和多样的观点，意识到事物的复杂性和变化性，保持开放的心态，更全面地理解和评估事物。

第五章　认知理念：一念之转，亲子家教大不同孩子："唉，我这次考试真是糟糕透了！我总是考不好，就是个差生。"

妈妈："我知道你对这次考试结果感到失望，一次考试的表现并不能决定你整个学习生涯的成败，你说是吗？"

孩子："可是我感觉自己好笨，看不懂题目，答不对问题。其他同学都考得比我好。"

妈妈："我们每个人在学习上或多或少都会遇到一些困难的时候。这次考试只是这一次的挑战，不代表你就是个差生。更重要的是你能从这次考试中学到什么，你说是吗？"

孩子："但我觉得我永远也赶不上其他同学，他们好像总是比我聪明。"

妈妈："每个人都有自己的优点和弱点。你不能仅仅通过这次考试就认定自己比别人差。你看你的国际象棋在班上就比其他人厉害，你英语就比其他人要好，对吧？"

在这个案例中，妈妈帮助孩子摆脱过分概括化的思维方式。提醒孩子一次考试的结果并不能决定他整个学习生涯的走向；同时，妈妈引导孩子看到自己其他方面的优势，摒弃认为自己就是个差生的思想。通过这样的对话，孩子可以慢慢认识到自己的优点和潜力，摆脱过分概括化的想法，保持积极的学习态度。

▶ 绝对化要求 ◀

绝对化要求表现为将事物极端地归结为绝对的好或坏，要求一切都完美无缺或没有任何错误。这种要求是对自己、他人和世界持有过高的期望的表现，无法接受和容忍任何不完美或错误的存在。

在家庭教育中，绝对化要求表现为对孩子要求过高，期望他们在各个方面的表现都达到完美，而忽视了孩子的个体差异和兴趣。典型特征是常用"必须""应该"这类词，如"我必须成功""别人应该友好地对待我"等。

这种绝对化的要求是不可能实现的，因为客观事物的发展有其自身的规律，不可能依个人的意志而转移。比如一个人不可能在每一件事上都获得成功，他周围的人和事物的表现和发展也不会依他的意愿来改变。因此，当某些事物的情况与他对事物的绝对化要求相悖时，他就会感到难以接受和适应，从而极易陷入情绪困扰之中。

这种"必须"和"应该"又表现为以下三个方面。

"我必须""我应该"

"我必须每件事情都成功。"

"我必须让每个人都喜欢我。"

"我必须是班上最优秀的。"

"我绝对不能输。"

"我应该成为班长。"

……

这些有时可能是人们对自己提出的难以实现的目标，是过于追求完美和苛求自己的表现。因为人们不可能事事成功、如愿，也不会总是最优秀的，也不可能得到所有人的赞赏。所以，持有这种不合理信念的人很容易产生挫折感，从而导致失落、自责或抑郁等。

"你必须""你应该"

> "你必须对我诚实。"
> "大家都必须听从我的安排。"
> "你应该成为最优秀的人。"
> "你必须受到惩罚。"
> ……

这些是对他人提出的绝对化要求，是苛求他人、控制他人的表现，也是自我中心主义和高傲自大的一种倾向。每个人都有自己的喜好和主见，都有自己的优点和不足，我们没有理由去苛求。

"事情必须""事情应该"

> "学校或家庭环境必须符合我的要求。"
> "那件事应该是明天做的。"
> "已经计划好的事情是无法改变的。"
> ……

有些事情不是由某一个人所决定的，尤其是在集体的大环境中，个体要通过调整自我去积极地适应遭遇的事情。当然，许多事情也都可能存在回旋余地，不能看得太绝对。

要纠正绝对化要求的思维方式，必须认识到每个人都有其独特性和局限性。没有人是完美的，每个人都会犯错误和面临挑战。我们需要接受自己和他人的不完美，并学会从错误中学习和成长。

孩子："妈妈，我必须是班上最优秀的，否则我就是失败的人。"

妈妈："你为什么认为自己非得是班上最优秀的呢？"

孩子："因为如果我不是最优秀的，那就意味着我没有价值，其他孩子和老师都会看不起我。"

妈妈："嗯，这样你会不会觉得很辛苦？优秀固然好，但我们追求优秀的过程是不是更有意义？"

孩子："但我总觉得如果我不是最好的，就是失败了。"

妈妈："人在失败中才能积累更多的经验，失败并不是不好，而是每个人成长和学习的一部分。人生中会遇到很多挑战和困难，关键是如何面对和克服它们，去体验这个过程。"

孩子："或许你说得对，我应该更多地关注自己的进步和发展，而不是仅仅追求成为班上最优秀的。"

在这个案例中，孩子绝对化地认为自己必须是班上最优秀的，否则就是失败的孩子。妈妈通过对话，提醒孩子不要将自己的价值完全依赖于去追求最优秀之上，鼓励孩子关注自己的发展过程而不是最优秀的结果。允许自己的失败和不如意，因为人不可能十全十美。

▶ 糟糕至极 ◀

这是一种认为事情的后果可能非常可怕、非常糟糕甚至是一种灾难的预期。

持此类信念者认为一件不如意的事情发生了，必定会非常可怕、非常糟糕，甚至想象为灭顶之灾，大难临头，从而消极地预测未来而不考虑其他可能的结果。这种想法是非理性的。

如果坚持这样的信念，那么当一个人遇到了糟糕的事情时，他就会陷入极度不良的负面情绪体验中。因此，我们应学会接受现实中的挑战，在可能时尽力改变，不可改变时则学会适应。

妈妈："孩子，你连做饭都不会，以后你什么事情都做不好。"

孩子："可是我也做了啊，我想要做好。"

妈妈："你没有这方面的天赋，无论你怎么努力也无济于事。你以后也找不到好工作，会一事无成的。"

孩子："但是妈妈，我还有其他的兴趣和才能，我也可以尝试其他的职业。"

妈妈："你那些兴趣都是没用的，只会浪费时间，你以后的日子会很悲惨的。"

在这个案例中，妈妈持有糟糕至极的认知，她不相信孩子有能力成功，并对孩子的努力和兴趣持有消极的态度。这样的言论会让孩子感到绝望和无助，限制了他的自信心和成长。

对比三类语言特征

类型	特征	举例
过分概括化	以偏概全，使用"总是""从不"	你从来不听我的话！
绝对化要求	非黑即白，强调"必须""应该"	你必须考上清华，否则没出息！
糟糕至极	灾难化预期，夸大后果	考不上大学，你的人生就毁了！

养育有解：智慧养育的五个维度

⑥
五个质疑挑战不合理理念

在亲子家教中，我们常常接触到各种教育理念和信念，它们指导着我们如何教育和引导孩子。然而，有时候我们需要审视这些理念是否合理和有益。艾蒙德·伯恩在他的《焦虑症与恐惧症手册》一书中提出了挑战错误信念的五个质疑，同样也可以用在不合理的亲子教养理念上。

通过对这些问题进行深入思考和讨论，我们可以更加理性地评估亲子教养理念的有效性，从而为孩子提供健康、平衡和全面的成长环境。

▶ 有无证据支持该理念？ ◀

面对亲子教养中的不合理理念，需要考虑是否有可靠的科学证据支持这些理念。理论上，教育理念应该基于可靠的研究和实证数据，而不仅仅是基于主观的个人观点或传统的观念。

▶ 该理念是否总是在实践中得到应验？ ◀

亲子教养中的不合理理念，需要在实际经验中得到验证。个人的经验并没有普遍性，所以需要审视这些理念是否适用于不同的家庭文化等。

▶ 该理念是否同时考虑事情的积极和消极方面？◀

质疑亲子教养中的不合理理念，需要思考这些理念是否能够平衡事情的积极和消极方面。一种合理的教育理念应该能够帮助孩子发展积极的品质、技能和情感，并且能够应对生活中的挑战和困难。

▶ 该理念是否有益身体健康和内心安宁？◀

质疑家庭教育中的不合理理念，需要思考这些理念是否对个人的身体健康和内心的平静产生积极影响。家庭教育应该有助于孩子全面发展和提升幸福感，而不是造成身体上或心理上的负面影响。

▶ 该理念是源自个人选择还是在成长经历中获得？◀

质疑亲子教养中的不合理理念，需要考虑这些理念是个人自主选择的结果，还是在个人成长经历中获得的。有些理念可能是由于传统观念、文化影响或家庭背景所形成，但并不意味着它们是唯一正确或适用于所有人的。个人应该有能力审视并选择适合自己孩子的教育理念。

我们以"孩子必须听父母的话"这个家庭教育理念为例来回答以上五个质疑。

①有无证据支持这个理念?

质疑者可能会要求提供科学研究或心理学专家的意见,以证明这个理念是否有依据。虽然尊重家长的权威是教育的重要组成部分,但家庭教育也应该鼓励孩子自主思考、表达意见和参与决策。

②这个理念是否总是在实践中得到应验?

家长可以回顾自己的经历并观察周围的家庭,思考完全服从父母意愿的教育模式是否总是带来积极结果。他们可能会发现,在培养孩子的自信心、独立性和问题解决能力方面,鼓励孩子发表意见和参与决策更有益。

③这个理念有没有同时考虑事情的积极和消极方面?

质疑者可以指出这个理念是否平衡地考虑了孩子的自主性、责任感和决策能力。过度强调听从父母的话可能导致孩子缺乏独立思考和自我表达的能力,影响他们的成长和自我发展。

④这个理念有益身体健康和内心安宁吗?

这个质疑考察该家庭教育理念对孩子身体健康和内心平静的影响。如果孩子被要求盲目听从父母的话,可能会产生压力、焦虑和内心的冲突。一个更平衡的教育模式可能更有助于孩子的整体发展。

⑤这个理念是源于个人选择还是在成长经历中获得?

这个质疑关注理念的来源和依据。家长可以反思这个理念是基于个人选择和价值观,还是受到家庭传统、文化背景或社会压力的影响。这样的反思有助于家长重新评估并选择更有益于孩子发展的教育方式。

⑦

三步破除不合理的亲子理念

亲子理念对孩子的成长和发展至关重要，我们如何来破除这些不良亲子理念，创造积极健康的亲子关系？可以通过以下三个步骤来实现。它们分别是觉察、质疑和代替。觉察是改变的前提，质疑是打破旧模式的钥匙，代替则是构建新理念的行动。

▶ 第一步：觉察 ◀

我们需要意识到自己存在的不良亲子理念，并反思可能对孩子和家庭造成的负面影响。

一个好的方法是记录平时与孩子之间的对话以及常用的语言，这可以帮助你觉察自己的亲子理念和思维方式。以下是一些建议的方法。

◎ **写下对话：** 尽量记录下与孩子互动时的对话。可以使用纸笔、手机应用或录音设备等工具。

◎ **分析对话内容：** 仔细分析记录下来的对话内容。观察你在对话中使用的词汇、语气及对话中的语言风格，尝试识别其中可能存在的不良亲子理念，比如以偏概全、绝对化和糟糕至极等。

◎ **注意情绪和反应：**除了对话的文字内容，还要关注自己的情绪和反应。记录下你在与孩子互动时的情绪变化，以及对特定情况的反应。这可以揭示出你潜在的亲子观念和思维方式。

◎ **寻找沟通模式：**在一段时间内，收集足够的对话记录，然后回顾它们。寻找常见的沟通模式，以确定你在亲子交流中可能存在的不良亲子理念。

通过觉察和记录，你可以更清楚地了解自己的亲子思维方式和互动模式。质疑并改变不良的亲子理念，以创造更积极、健康的亲子关系。

以下是父母常见不合理理念，看看你占了几条。

◎ 孩子必须要听家长的话。

◎ 一定要考上大学才有出息。

◎ 放学后应该先写完作业再玩。

◎ 看电子产品不好，会影响学习。

◎ 教育孩子是妈妈的事情。

◎ 父母做的事情都是为了你好。

◎ 你总是犯这个错误，真是没救了。

◎ 弟妹还小，你应该要让着他们。

◎ 你总是做不好，什么也做不好。

▶ 第二步：质疑 ◀

质疑不合理的亲子理念可以帮助你重新审视和改变自己的亲子观念，思考这些理念是否真正符合你的价值观和孩子的需要。挑战那些可能导致负面亲子关系的信念和行为，思考如何用更积极、支持性的方式与孩子相处。

前文中提到了五个质疑挑战不合理理念，它们分别是：

◎ 有无证据支持该理念？

◎ 该理念是否总是在实践中得到验证？

◎ 是否同时考虑了事情的积极和消极方面？

◎ 该理念是否有益于身体健康和内心安宁？

◎ 该理念源自个人选择还是成长经历？

▶ 第三步：代替 ◀

如果这个理念是不良的，那么什么样的理念是有益的？

代替不良亲子理念需要基于积极的亲子理念和标准。从科学理性、全面发展、有效长期和多方受益的角度思考哪些理念更有助于我们的亲子关系和孩子的发展成长。

以下十个亲子家教理念，可指导我们的亲子教养。

◎ 学会做人比学会做事更重要。

◎ 允许孩子做好自己。

◎ 每个人都有积极向上的动力和潜能。

◎ 幸福家庭是送给孩子最好的礼物。

◎ 相比缺点更应看到孩子的优点。

◎ 陪伴不在时长而是更重质量。

◎ 更注重效果而非对错。

◎ 要立规则而非无原则。

◎ 让孩子感受到爱而非控制。

◎ 父母需自我成长而非一味苛责孩子。

⑧
好的亲子理念的四个判断标准

好的亲子家教理念通常有四个标准。即科学理性、全面发展、有效长期和多方受益。这些标准能够指导父母在养育孩子的过程中做出明智和有益的决策。

▶ 科学理性 ◀

科学理性是指在亲子教养中基于科学知识和证据进行决策和行动。父母应该通过学习科学知识，了解儿童发展的科学知识和相关研究成果，以便更好地理解孩子的需求和能力，了解不同年龄段孩子的发展特点，并学会提供适当的支持和指导。科学理性还意味着不仅仅凭个人经验或主观偏见，而是依据科学知识和证据来做出明智的选择。

很多不合理的理念源于主观评判他人，导致很多的亲子冲突。孩子有一道题不会做，妈妈说："你看这么简单的题都不会，你怎么这么笨呢？"妈妈站在自己的主观角度来看孩子，同时给了孩子一个非常不好的评价，孩子听了心里就不舒服。这个时候可以采用科学理性的方法来解决这个问题，了解孩子这题不会做的可能原因是什么，并提供相应的应对措施，问题就会得到解决。

▶ 全面发展 ◀

好的亲子养育理念应该关注孩子的全面发展，包括身心健康、学习、情感和社交、道德等方面，而非仅关注学习成绩。

身心健康是学习和生活的基础。 家长应鼓励孩子参与体育锻炼，保持规律的作息时间和良好的饮食习惯，以增强体质、提高免疫力。同时，关注孩子的心理健康，及时给予关爱和支持，帮助他们建立积极的自我认知，学会情绪管理和压力调节。

在学习方面，父母应该提供丰富多样的学习机会，促进孩子的认知和智力发展。 父母可以鼓励孩子参与各种学习活动，例如阅读、解决实际问题、欣赏艺术和音乐等，以培养他们的创造力、逻辑思维和解决问题的能力。

在情感和社交方面，父母应该关注孩子的情感需求，与孩子建立良好的情感连接。 这包括提供理解和支持，倾听他们的感受和想法，与他们建立良好的沟通和信任关系。父母还可以鼓励孩子与同龄人互动，培养他们的社交技能和合作精神。有了情感和社交支持，孩子可以建立健康的人际关系，培养情绪管理和解决冲突的能力。

在道德方面，父母有责任培养孩子的责任心、诚信和正直宽容等重要品质。 这要求家长做楷模，通过自身的行为来示范道德行为和原则。父母可以通过日常生活中的具体情境，如分享、帮助他人或说话算数等来影响孩子。

▶ 有效长期 ◀

有效长期强调在亲子教养过程中，我们不应仅仅满足于表面的、短期的效果，而应追求实质性的、长期的进步。

有效长期要求我们摒弃无效的旧方法，注重实际效果。例如，在与孩子沟通时，应该时刻关注沟通的质量，而不是仅仅追求沟通的次数。当发现某种沟通方式不起作用时，应该勇于尝试新的方法，找到更有效的沟通方式。

再如孩子写作业拖拉，父母不应仅仅停留在责备和催促的层面，而应该深入探究孩子写作业拖拉背后的原因。是与学习难度有关？还是缺乏学习动力？或是时间管理不当？针对不同原因，父母应制定相应的解决策略。

有效长期还要求我们具备长远的教育眼光。养育孩子不是一场短跑，而是一场马拉松。我们需要有足够的耐心和恒心，陪伴孩子一起成长。孩子的成长是一个复杂而漫长的过程，需要我们在不同的阶段给予不同的关注和支持。我们应该关注孩子的长远发展，注重培养他们的综合素质和能力，而不仅仅是追求短期的学业成绩。

▶ 多方受益 ◀

多方受益强调的是好的亲子教育方式应使得所有相关方都能从中受益，包括孩子、父母，乃至整个家庭和社会。亲子教育的核心目标，不仅仅是培养孩子的各项能力，更是要帮助他们成长为健康、快乐、有成就感的个体。同时，这一过程也促使父母成长为更优秀、更有智慧的家长。

首先，对于孩子而言，优质的亲子教育意味着他们能够在和谐、积极的家庭环境中成长，获得更多的发展机会。这样的环境有助于孩子建立稳固的自信心和自尊心，为他们未来的生活和学习奠定坚实的基础。通过与父母的互动和学习，孩子能够不断提升自己的认知能力和情感素养，成为更加独立、自主和有担当的人。

其次，父母也是亲子教育的直接受益者。通过与孩子的共同成长和互动，父母不仅能够深化对孩子的了解和认识，还能提升自己的育儿技能和家庭教育水平。这种成长不仅有助于改善家庭氛围和亲子关系，还能提升父母的生活质量，使他们成为更加成熟、理智和有责任感的家长。

此外，好的亲子理念对家庭和社会也具有积极的影响。一个和睦的家庭，能够促进家庭成员之间的相互理解和支持，增强家庭的凝聚力和向心力。而在社会层面上，良好的亲子教育能够为社会培养出更多积极、健康、有责任感的公民，为社会的稳定和发展提供有力支持。

⑨
十个亲子家教理念让教养更轻松

在亲子教养的过程中，我们常面临各种挑战和困惑。为了让教养更有指导意义，让我们一起借助前文提到的十个亲子家教理念，为家庭带来更多的轻松、快乐和和谐。

▶ 学会做人比学会做事更重要 ◀

我经常会问家长一个问题：我们到底想要一个怎样的孩子？许多人的选项是希望孩子人格健全，身心健康，而不是要成为学霸。

随着人工智能时代的到来，许多工作正被智能机器取代。如果我们所做的很多事务会被人工智能所取代，那么一个人的为人品行就愈显珍贵了。因此，我们应该致力于培养和发展这些品质，以适应这个不断变化的世界。

学会做人比学会做事更重要，这一理念强调的是培养孩子正确的价值观和道德准则。教育孩子不仅仅要关注其学业和技能培养，更重要的是教导他们如何为人处世。家长应该注重教育孩子关爱他人、诚实守信、正直勤劳等道德品质。通过言传身教和积极引导，让孩子明白做一个有良好品行的人的重要性。

▶ 允许孩子做好自己 ◀

这一理念强调的是尊重和接纳孩子的个性和兴趣。每个孩子都是独特的个体，有自己的优点、喜好和潜力。作为家长，我们应该给予孩子充分的自主权和决策能力，提供支持和资源，让他们展现真实的自我。鼓励他们追求自己的兴趣爱好，帮助他们发现和发展潜在的才能。根据人本主义心理学，无条件的积极关注是激发个体潜能的关键。允许孩子做自己，本质是接纳其独特性，而非塑造父母的复制品。

▶ 每个人都有积极向上的动力和潜能 ◀

这一理念强调的是相信孩子拥有积极向上的动力和潜能。每个孩子都具备独特的才能和潜力，他们内在的动力可以驱使他们追求自己的梦想和目标。作为家长，我们应该给予孩子充分的支持和鼓励，激发他们内在的积极性和自信心。通过正面的反馈和积极的引导，我们可以帮助孩子发现自己的优势，为他们提供适当的资源和机会，让他们充分发挥潜能。

心理学家罗杰斯回忆起自己的童年时，描述了家里地下室的一个角落里放着土豆。由于光线不足，土豆生长受限，但令人惊讶的是，这些苍白的土豆依然顽强地向着光亮的方向努力生长。

罗杰斯认为，人具备自我修复的能力，会主动追求成长和改变。**当一个人的心理出现问题时，我们的任务并不是修复或干预，而是创造一种有利于他个人成长的环境，让他能够充分发挥内在的力量，并相信他的潜能。**

▶ 幸福家庭是送给孩子最好的礼物 ◀

这一理念强调的是幸福家庭的重要性和影响力。一个幸福、和谐的家庭对孩子的成长和发展具有深远的影响。家长应该注重家庭的和谐、温暖和支持，营造一个安全稳定的家庭环境，给予孩子充分的爱、关注和支持。这样的家庭将成为孩子最好的礼物，为孩子的人生奠定坚实的基础。

我曾设计了一项体验活动，邀请几个人上台扮演一个家庭的角色，有些人扮演父母，有些人扮演孩子，然后让他们展示幸福和不幸福家庭的场景。在这样的情境中，当扮演孩子的人身处不幸福的家庭时，他们通常表现出想要逃离这个家庭，或者试图拯救这个家庭。情境的结果无不说明，幸福家庭是给孩子一生中最好的礼物。

▶ 相比缺点更应看到孩子的优点 ◀

这一理念强调的是注重孩子的优点和长处，而不是过分关注他们的缺点。每个孩子都有自己的优势和特长，作为家长应善于发现和赞赏他们的优点。通过积极地反馈和鼓励，我们可以增强孩子的自信心和自尊心，激发他们的潜力。

同时，我们也要以理解和耐心面对孩子的缺点，帮助他们改善和发展，不过度批评指责他们。

有一位哲学家带领他的学生们到一个郊外的草地上，准备在那里给他们上最后一堂课。哲学家问学生们："现在我们坐在什么地方？"学生们回答："我们现在坐在旷野里。"哲学家接着问："旷野里长着什么？"学生们回答："旷野里长满了杂草。"

哲学家向学生们提出了一个问题："那么，我们应该如何清除这些杂草呢？"学生们感到惊讶，他们没想到这位一直在探索人生奥秘的哲学家最后一堂课竟然会问如此简单的问题。

一个学生首先回答说："老师，只需要用铲子就可以了。"哲学家点点头表示认同。另一个学生接着说："使用火烧也是一种有效的方法。"哲学家微笑着示意下一个学生发言，第三个学生说："撒上石灰就可以清除掉所有的杂草。"轮到第四个学生发言，他说："要彻底清除杂草，我们必须斩草除根，只有把根完全挖出来才行。"

学生们都发表完意见后，哲学家站起身来说："课程就到此为止了。回去后，你们按照各自的方法去清除一片杂草，明年再来一聚。"

一年后，他们再次相聚，但原来杂草丛生的地方已经变成了一片长满谷子的庄稼地。学生们围坐在谷地上，等待着哲学家的到来，然而哲学家并没有出现。

数年后，哲学家去世，学生们整理他的言论时，在书的最后私自增加了一句："要想清除旷野中的杂草，唯一的方法就是在上面种植庄稼。"

养育有解：智慧养育的五个维度

💡 如果杂草是我们缺点的话，我们要做的并不是一味地想办法去除杂草，而是去想怎样种植更有价值的庄稼！

▶ 陪伴不在时长而是更重质量 ◀

这一理念强调的是陪伴孩子的质量。与孩子共度的时间并不一定要很长，重要的是在这有限的时间内给予他们足够的关注。与孩子进行有意义的互动，参与他们的生活和活动，聆听他们的想法和感受，建立起深厚的情感连接。

无论是与孩子一起玩耍、阅读、讨论问题，还是共同参与家务活动，关键是真正投入其中，与孩子建立起亲密的纽带。这样的陪伴方式可以增进家庭成员之间的互动和理解，让孩子感受到被重视和被关心的温暖。

记得我曾经在做一个企业的 EAP 项目时，这个企业有不少的职工是外来务工人员。他们面临的一个问题是长时间不在孩子身边，内心总是觉得亏欠孩子，害怕自己不在孩子身边时孩子会学坏。

针对这种情况，我们做了"如何陪伴孩子成长"的专题培训，探讨了如何有效陪伴，让孩子感觉到即便父母不在身边，也能感受到父母的爱和支持。这有很多种办法，比如打一个有效的电话、写一封让孩子感动的书信、选一份有意义的礼物等，让孩子真切感受到远方父母的殷切关爱和鼎力支持。

▶ 更注重效果而非对错 ◀

在教养孩子的过程中，我们更应该注重有没有效果，而不是过于强调对与错，因为对与错很多时候都是主观的。

孩子出门，你跟孩子说："天冷了，再穿一件衣服。"孩子说："不冷啊，我不穿。"然后为这个事情就发生了亲子冲突。

站在你的角度看，你是对的，关心孩子，天冷了想让孩子穿上衣服。站在孩子的角度来看，孩子并不觉得冷，穿什么不该要你来限制，于是本能地就拒绝了。

换种说法，对孩子说："天冷了，你带上一件衣服，如果觉得冷就加上。"这样就会有效果。在亲子家教中，我们应该采用这种更有效的教育方式。

▶ 要立规则而非无原则 ◀

这一理念强调的是要在家庭中设立明确的规则和界限。规则可以为孩子提供清晰的行为指导和约束，帮助他们建立起秩序和纪律感。

我们观察道路上的十字路口时，正是因为有红绿灯的存在，大家才知道何时前进，何时停止，从而保证道路的畅通有序。有了规则，才能获得更多的自由。在教育孩子的过程中，也是如此。如果我们总是随着孩子的意愿行事，他们就无法意识到规则的存在，容易变得自私和放肆，既不懂得尊重父母，也不懂得尊重他人。

制定规则时应该有明确的目的和合理的依据，而不是毫无原则地制定。规则应该根据孩子的年龄、发展阶段和家庭价值观进行调整和制定。同时，制定规则也应该与孩子进行积极的沟通，让他们理解规则的意义并接受规则的约束。这样的规则建立方式可以促进家庭成员之间的互动和合作，建立起积极的家庭氛围。

▶ 让孩子感受到爱而非控制 ◀

这一理念强调的是以爱为基础，与孩子建立起亲密的情感连接。与其过分关注控制孩子的行为，不如给予他们充分的爱和信任。通过表达爱意，我们可以增强孩子的自尊心和情感安全感。

很多时候，父母内心深处爱着孩子，但在语言和行为上，给孩子留下了控制的印象。比如，当孩子想要独自外出时，父母出于关心反复叮嘱路上的安全事项，这样的举动虽出于好意，却可能让孩子感到被过度干涉，仿佛连简单的出行都受到了限制。

因此，在与孩子交流的过程中，我们更应注重爱的表达方式，确保我们的言行能够让孩子感受到爱，而非控制。在上述情境中，我们可以尝试这样表达："孩子，你长大了，想要自己出门探索，父母心里既为你感到高兴，又难免有些担心你的安全。这里有几件小事，如果你能留意一下，我会更加放心，也能让你这次出行更加顺利和愉快。"这样的沟通方式，既表达了父母的关爱与担忧，又给予了孩子适当的自由与信任，有助于建立更加和谐的亲子关系。

▶ 父母需自我成长而非一味苛责孩子 ◀

这一理念强调的是父母自身的成长和发展。过度苛责孩子并不利于建立积极的亲子关系，相反，我们应该关注自己的言行和情绪对孩子的影响。通过自我成长，我们能够更好地理解孩子的需求和情感，以更冷静和理智的态度应对教养挑战，并成为孩子的榜样，以身作则，传递积极的价值观和行为模式。

练习 ⑥

将好的亲子理念融入生活中

为了更好地应用这十个亲子家教理念，建议将它们打印出来，贴在家里的墙壁上。每天早晚抽出几分钟的时间，静心阅读这些理念。在阅读时，让自己的情绪和感受与这些理念共鸣，使理念深入内心。

这个练习的目的是通过反复阅读和情感参与，逐渐将这些理念融入日常生活中，并观察自己的变化。坚持一个月，每日专注并实践一个理念，观察与孩子相处时自己态度和行为的变化。

这个练习将帮助你加深对这些理念的理解和体验，并逐渐将它们转化为具体的行动和态度。在与孩子的实际互动中应用这些理念，你会发现自己在教养上的轻松程度有所提升，同时与孩子之间的关系也会更加积极和谐。

挑战自己，拥抱变化，让这些新理念指导你和孩子的互动，共创温馨、快乐的家。开始行动吧，期待你在一个月后的变化和成长！

好的理念能够升华亲子家教

◎ 理念被塑造的三种方式

语言、模仿和事件

◎ 三类语言检验你的亲子观

过分概括化、绝对化要求和糟糕至极

◎ 五个质疑挑战不合理理念

1. 有无证据支持该理念?

2. 该理念是否总是在实践中得到验证?

3. 是否同时考虑了事情的积极和消极方面?

4. 该理念是否有益于身体健康和内心安宁?

5. 该理念源自个人选择还是成长经历?

◎ 好理念的四个判断标准

科学理性、全面发展、有效长期和多方受益

◎ 三步破除不良亲子理念

觉察、质疑和代替

◎ 十个亲子家教理念让教养更轻松

1. 学会做人比学会做事更重要

2. 允许孩子做好自己

3. 每个人都有积极向上的动力和潜能

4. 幸福家庭是送给孩子最好的礼物

5. 相比缺点更应看到孩子的优点

6. 陪伴不在时长而是更重质量

7. 更注重效果而非对错

8. 要立规则而非无原则

9. 让孩子感受到爱而非控制

10. 父母需自我成长而非一味苛责孩子

\第六章/

家庭系统：
爱的滋养是一生
幸福的底色

66 一家之计在于和，一生之计在于勤。99

——《增广贤文》

① 妈妈，我不想活了

　　"妈妈，我不想活了！"看到孩子写在本子上的话后，妈妈内心感到一阵刺痛，没想到孩子对生活都感到绝望了。

　　一年前，父母因情感问题经常吵架，也就从那时候开始，妈妈总觉得孩子不太爱回家，放学了就和同学在外面玩，晚上做完作业也要跑出去，很晚都还要妈妈去找回来，为此亲子间没少发生冲突。近几个月来孩子又像变了一个人似的，基本不出去，放学后就把自己关在房间里。

　　上个月孩子开始说自己心跳得比较快，觉得心脏有问题，父母只好带她去医院看病，几家医院检查后发现孩子心脏没什么问题。医生说孩子存在焦虑倾向，建议通过心理疏导与规律作息缓解症状。

　　妈妈内心知道，孩子的问题和家庭有关系，夫妻之间经常吵架，吵完后就会冷战一段时间，家里的气氛很冷淡。

　　三个月前，夫妻吵到了要离婚的地步，也就那个时候发现孩子有自杀的想法，于是夫妻就暂停争吵，生怕离婚对孩子会造成更严重的影响。

　　理理师傅不经意地说道："孩子似乎在用牺牲自己的方式来维系家庭的和睦。"这句话让妈妈心头一震，妈妈从来没有想到还有

养育有解：智慧养育的五个维度

这方面的含义，想到这些妈妈便泪如雨下，一方面感受到孩子对父母的爱，一方面感受到自己成年世界的无奈。

这个案例便涉及家庭系统中的一些关系问题。

在一个家庭中，常见的关系有三种。一种是夫妻关系，一种是亲子关系，还有一种是子亲关系。

夫妻关系是指两个人以婚姻为基础建立起的亲密关系。这种关系通常需要双方相互理解、尊重、信任和支持。在夫妻关系中，双方共同解决生活中的问题，包括家庭责任、经济状况、家庭教育等。夫妻关系的稳定与和谐对于家庭的幸福与健康具有重要的影响。在现代社会中，夫妻关系面临着许多挑战和压力，如经济压力、职业和家庭之间的平衡、个性和亲子教育之间的矛盾等。因此，如何建立和维护良好的夫妻关系，是每个家庭都需要关注和重视的问题。

亲子关系是指父母与子女之间的关系。亲子关系的建立通常是从孩子出生开始的。父母需要关注孩子的成长，给予他们关爱和支持，同时也需要引导孩子建立正确的价值观和行为准则。在亲子关系中，父母和孩子的沟通和信任非常重要，这种关系的稳定有助于孩子的成长和发展。

子亲关系是指子女和父母的关系。这时子女往往已是成年人，在子亲关系中，子女应该尊重父母的意愿和想法，同时也需要关注和照顾他们的身心健康。子女的理解和支持对于父母的身心健康非常重要，这是建立和谐家庭关系的重要因素之一。

在这三大关系中，夫妻关系是家庭的核心。**一个稳定、和谐的夫妻关系可以为亲子关系和子亲关系提供更好的支持和保障。**在夫妻关系中，夫妻通过婚姻来建立共同生活，共同承担责任、支持和彼此照顾，创造出一个安全、温馨、充满爱的家庭。

在亲子关系中，分离是孩子成长的一个必要过程。孩子需要逐渐脱离对父母的依赖，发展自己的个性和独立性，成为能独立生活的人。

子亲关系是亲子关系的另一种表现形式。在子亲关系中，孩子逐渐成长为独立的成年人，开始承担更多的责任和义务，同时也会照顾和支持父母。子亲关系不仅是亲情和家庭责任的体现，也是家庭成员之间相互支持和关心的表现。在子亲关系中，父母需要给予孩子更多的自由和空间，同时也要学会接受孩子的照顾和支持。

在现实生活中，我们需要根据不同阶段的需求来平衡各种关系。在孩子成长的早期阶段，亲子关系的建立非常关键，父母需要投入更多的时间和关注，以确保孩子得到足够的爱和支持。

随着孩子逐渐独立，夫妻关系的重要性会逐渐增加。为了维持家庭的稳定和和谐，夫妻之间需要更多交流和沟通。当父母年老或身体不好需要照顾时，我们需要给予他们关心和支持，精力和时间会更多地放在照顾父母上。家庭中每个阶段的关注对象会不一样，这需要家庭成员之间的相互理解和支持，以确保各种关系的平衡。

养育有解：智慧养育的五个维度

②
遵循父母本性，传承爱与力量

让我们先探讨并体验父母在孩子成长中的意义。

说起父母，你会用什么形容词来形容他们？请用笔在一张纸上描述出来。

父亲＿＿＿＿＿＿＿＿＿＿＿＿＿＿＿＿＿＿＿＿＿＿＿＿＿＿

母亲＿＿＿＿＿＿＿＿＿＿＿＿＿＿＿＿＿＿＿＿＿＿＿＿＿＿

写完后感受一下，这就是我们对父母的感觉和印象。这种感觉和印象会内化成自己对父母的认知。当我们长大成为父母后，无形中也会内化这样的认知角色。

这样的认知角色有好有坏，有褒义也有贬义，我们要有这样的觉察，同时也要知道这些认知角色也会对孩子产生影响。所以，我们要知道，父母的角色在孩子成长中的意义是什么，以便更好地顺应生命的天性。

一般父亲象征着天、山与太阳；母亲则象征着大地、水与月亮。

天一般比较高、比较辽阔，山比较高、比较厚重，太阳光芒万丈、指引着方向。所以，一般来讲，父亲带给我们的是目标、方向、力量、勇气和安全等。

而大地有承载、接纳、包容的特性，水则比较灵活和使人得到滋养，月亮有着阴柔之美，是心灵的安全港湾。所以，母亲给予我们的是接纳、包容、爱、滋养和归属等。

父母的这些特性刚好互补，如果家庭能展现父母刚柔并济的特质，这将有利于孩子人格的完善。

父亲对于男孩子来讲，是孩子性别认同的对象。比如说父亲比较阳刚、有力量，当孩子感受到这部分特质的时候，就容易认同作为一个男性也要像父亲这样有力量感、有阳刚之气。现实中，不少家庭父亲缺位比较严重，大多数孩子的教育都是妈妈在操心，这种家庭的孩子往往缺乏力量、勇气和目标。

母亲更多地表现出爱、接纳和滋养。当孩子需要关爱、安抚时，母亲可以更好地发挥女性的柔顺之美。对于女孩而言，母亲是性别认同与情感表达的天然榜样，她们会自然地学到母亲的承载、包容和爱的优秀品质。

作为父母，应该充分发挥力量和爱的作用，扮演好自己的角色，带领孩子走得更高更远。父亲是天，母亲是地，天高地阔从而孕育万物。

父母不同维度的表现

角色维度	父亲象征	母亲象征
自然意象	天、山、太阳	地、水、月亮
核心特质	目标感、力量感、安全感	接纳性、包容性、承载性
教育功能	规则建立与挑战支持	情感抚慰与价值观内化
缺位后果	孩子易迷茫、冲动	孩子易焦虑、依赖

现在社会多元化，男女个性特质、兴趣爱好、能力大小不同，在两性角色分工上会有不同。有的男性心思细腻，喜欢照顾家庭；有的女性坚毅果敢，热衷工作事业。因此，在家庭

中找到适合自己的角色，形成互补，是实现家庭平衡与幸福的关键。

实操
⑥

父亲与孩子完成一项力量挑战，如跑步、打篮球。

母亲与孩子进行一场情感对话，如聊聊今天最开心的瞬间是什么。

记录双方感受，在家庭会议中分享。

---

③

评估婚姻关系，发现爱、看见爱

当夫妻关系良好时，他们可以成为出色的父母。两个人之间的和谐、幸福与融洽使他们能够拥有充沛的精力，为孩子提供稳定的爱与关怀。然而，当夫妻关系出现问题时，双方可能会争吵甚至打斗，耗费了大量精力，此时就难有心力来关注和照顾孩子了。

有时，父母可能会无意识地让孩子去满足他们无法从伴侣那里得到的需求，如陪伴。因为伴侣没有陪伴他们，他们就会转而依赖孩子的陪伴，这使得孩子无辜地被牵涉其中。

另外，一些父母会将无法在夫妻矛盾中宣泄的情绪转嫁到孩子身上，对孩子发脾气，使孩子成了替罪羊。当孩子被卷入夫妻矛盾中时，他们无法真正做自己，无法专注于学习。甚至有些孩子会为了满足父母的需求而做出牺牲。

因此，在家庭中，夫妻关系的经营和维护至关重要。那么如何经营和维护夫妻关系呢？我们可以从对婚姻关系的评估开始。

▶ 婚姻状况量表 ◀

美国心理学家约翰·戈特曼（John Gottman）基于夫妻互动角度研究，编制了《婚姻状况量表》，用于评估婚姻关系质量。该量

养育有解：智慧养育的五个维度

表包含 15 个题目，根据题目是否符合自身情况用"是"和"否"回答。"是"记 1 分，"否"不计分。

婚姻状况量表

1. 我常觉得自己与配偶的交谈乏味空洞。

2. 我们很少有亲密的肢体接触。

3. 常常不知道他（她）到底要些什么，感受又是如何。

4. 常会觉得夫妻两人面对面，不知该如何相处。

5. 我恐惧接触。

6. 我们之中常有人会觉得委屈。

7. 与伴侣吵架时，我很少去了解他（她）生气背后的原因。

8. 我们不能分享令彼此兴奋或愉快的事情。

9. 有自我伤害的想法，或是认为自己死去会比较好。

10. 常处于激烈的争吵中。

11. 有一方常常会生病，感觉身体不适。

12. 常常有提防伴侣的念头。

13. 对伴侣的爱没有信心。

14. 很多事是为了义务而做的。

15. 伴侣不在身边时，会觉得比较轻松自在。

婚姻状况量表测评答案

0—4 分：健康的绿灯。你们的婚姻品质不错，偶尔有小摩擦，但只要愿意共同经营，婚姻生活会越来越美满的。

5—9 分：紧张的黄灯。你们的婚姻就像拉紧的弦，建议仔细探讨问题的症结在哪里。可以参加婚姻经营课程和阅读相关书籍，了解彼此的互动模式，以及对伴侣的期待，明确这样的互动方式对婚姻会有什么影响。弄清这些问题有助于进一步增进双方的关系，提升婚姻的品质。

10—15：危险的红灯。你们正在为婚姻付出沉重的代价，你可能沮丧、心情低落、身心俱疲，甚至想不开。建议你立即向外寻求帮助，如向专业心理咨询师或婚姻关系专家咨询，或听听过来人的分享，尽快解决婚姻问题。

▶ 婚姻投射测评 ◀

在婚姻投射测评中，花与昆虫常被用作一种隐喻，用以揭示个体在婚姻关系中的心理状态、期待与潜在问题。

第一步：开始放松

请你先找一个安静舒适的地方坐下，放松身心。深呼吸，感受气流从鼻腔进入，经过肺部，再缓缓呼出。你可以闭上眼睛，让自己完全放松下来。请尽量排除外界的干扰，让自己进入一种平静、专注的状态。记住，这里没有对错之分，也没有时间限制，重要的是你的感受和体验。

第二步：看到花和昆虫

现在，请你想象自己走进了一个美丽的花园。在这个花园里，各种花朵竞相开放，色彩斑斓，香气四溢。你看到了一朵你特别喜欢的花，请你仔细观察这朵花，它是什么花？是什么颜色？形状如何？有什么特别的地方吸引了你？

这时来了一只昆虫，它又是什么昆虫？是什么颜色？形状是怎样的？昆虫对花是怎样的态度？花对昆虫又是怎样的态度？花和昆虫会有什么样的故事?

第三步：结束引导

现在，你已经完成了对花与昆虫意象的想象。在这个过程中，你可能会有各种各样的感受和体验，这都是非常宝贵的。当你觉得差不多的时候，就可以慢慢睁开眼睛，回到现实世界中。

婚姻投射测评解析

花与昆虫象征着个体间的吸引力、角色互补性以及相互依赖。花通常象征照顾者或提供情感滋养的一方，而昆虫则可以象征寻求滋养、传播或授粉者。这个互动意象可以用来探索和理解伴侣间的动态、期望和潜在的关系问题。

花，通常象征着美丽、生命力和吸引力，它代表了婚姻中的情感、关怀和温暖，可以反映一个人在婚姻中的情感需求、自我表达和对待伴侣的态度。比如，一朵盛开的花可能意味着个体在婚姻中充满活力和自信，愿意为婚姻付出努力；而一朵凋谢的花则可能暗示着情感上的失落或对婚姻的失望。

昆虫的意象则更加多样和复杂。它们可能代表着婚姻中的责任、沟通、挑战或是冲突。例如，蜜蜂通常被视为勤劳和合作的象征，可能暗示着个体在婚姻中愿意承担责任，积极为家庭付出；而蝴蝶则可能象征着变化和自由，暗示个体在婚姻中追求更多的个人空间和成长机会。然而，如果昆虫意象表现为害虫，如蛀虫或蚊子，这可能预示着婚姻中的潜在问题或破坏性行为。花与昆虫的互动和对对方的态度，象征日常生活中的两性互动和对对方的态度。

以上两个测评可以帮助你更深入地了解婚姻，提供一些启示，而真正的幸福婚姻需要夫妻双方共同努力和付出。

④
五大心法让婚姻更幸福

婚姻是一段承诺与奋斗的旅程，要让这段旅程充满幸福与美满，我们需要掌握一些关键的心法。无论是初识时的激情迸发还是相伴多年后的平淡相处，都可以运用这五大心法，共同为我们的婚姻之路铺满幸福。

▶ 坚定信念 ◀

婚姻的经营需要建立在坚定的信念之上。信念是我们对婚姻的深度认可，是一种内心深处的决心和承诺。它是我们对伴侣的信任和对彼此未来的信心，是我们愿意为了婚姻而付出努力的动力。

当我们选择与某人结婚时，我们对对方产生了信任。我们相信对方是我们人生中重要的伴侣，我们愿意与其共同面对生活中的喜怒哀乐。这种信念是婚姻的基石，它赋予了我们在婚姻中坚持、奋斗和成长的力量。

有坚定的信念意味着我们愿意为婚姻付出必要的努力。无论是婚姻中遇到困难、挑战还是摩擦，我们都能够在信念的支撑下坚持下去，而不是轻易放弃。

养育有解：智慧养育的五个维度

著名作家林语堂和他夫人廖翠凤的婚姻中，坚定的信念成为他们一生的支柱。这种坚定的信念让他们走过了半个多世纪的岁月，共同度过了生活的风风雨雨。

在与廖翠凤的婚礼上，林语堂做出了一个惊人之举。他当着众多宾客的面拿出结婚证书，在新婚妻子的面前把它烧了。他说："婚书只在我们离婚时才有用，我们一定用不到。"这样深深的信念，让这对夫妻克服很多困难和挫折，白头到老。

在婚姻中，一份坚定的信念会使双方更加珍惜婚姻中的点滴幸福和甜蜜。我们要学会在生活中细心体察对方的需要，关注对方的情感和感受，投入时间和精力去维系婚姻的亲密和温暖，创造美好的回忆和共同成长的机会。

这种坚定的信念还意味着，既然选择了要长期共同生活，就要持续相亲相爱。如果双方在婚前都非常重视婚姻，那么婚后很多问题就可以得到缓解。如今，很多人草率地结婚，这往往给婚后的生活带来许多麻烦。因此，我们应该在决定结婚之前，认真思考并坚定自己对婚姻的信念，以确保未来的婚姻生活更加美满和幸福。

▶ 接纳欣赏 ◀

接纳与欣赏，看似简单的两个词，却蕴含着婚姻幸福的密码。接纳，是对另一半性格、习惯、缺点的理解与包容，是对不同观念的尊重与妥协；欣赏，则是发掘并珍视对方的优点和特质，是给予对方的赞美和鼓励。

第六章　家庭系统：爱的滋养是一生幸福的底色

在婚姻中，只有真正学会了接纳与欣赏，我们才能更好地理解和支持对方，共同面对生活的风风雨雨，还能促进彼此的成长与进步。

当我们学会接纳对方的不足时，我们便能以更宽容的心态去对待生活中的摩擦与冲突。

有一个家庭在婚后发现了一个问题，那就是女方非常喜欢吃辣，因此她做的菜里基本都放有辣椒。然而，男方却不喜欢吃辣椒，这导致双方经常发生争吵。

有一次，他们受邀去一位朋友家做客。在餐桌上，他们注意到朋友家的菜做得相对清淡，而在餐桌的两边，都摆放了一碗辣椒酱。出于好奇，他们询问："你们是不是也不爱吃辣椒？"

朋友微笑着回答："我太太不喜欢吃辣椒，我喜欢吃，所以，我们就想出了这个办法，我专门买了辣椒酱放在旁边，这样我吃饭的时候就可以蘸着吃了。如果有时候觉得还不够过瘾，我就自己再动手做点辣的菜。"

这就是很好地接纳了对方，改变不了对方就改变自己，从而使得生活不受影响。

同时，我们还要学会欣赏对方。赞美是表达欣赏的一种方式，可以让对方感受到我们的认可和尊重。在日常生活中，我们可以从对方的衣着、言行、工作成果等方面给予对方真诚的赞美。

一个人得到赞赏的时候心情会比较愉悦，更容易感受到幸福和满足感。这种幸福和满足感能够让夫妻建立起一种深厚的情感联系，从而更有能力抵御外界的压力和诱惑，使婚姻关系更加稳固。

我们不难发现，接纳与欣赏对方的态度在婚姻中发挥着举足轻重的作用。学会接纳与欣赏对方并非一蹴而就，它需要我们不断地学习、反思和实践。在婚姻的长河中，夫妻双方需要共同努力，持续地为这段关系注入新的活力和动力。只有这样，我们才能够建立起一种基于理解、尊重和欣赏的稳固婚姻关系，共同走过人生的每一个阶段。

▶ 满足需求 ◀

满足需求是婚姻中的重要一环。一般来说，我们可以将需求分为两类：生理需求和心理需求。例如，性生活是最基本的生理需求，许多夫妻在这方面存在困扰，进而影响婚姻关系的稳定性。此外，心理需求也非常重要。对于男性来说，他们需要得到女方的信任、肯定、鼓励、感激和赞美。而女性更希望得到男方的关心、了解、尊重、认同和专注。

当我们能够满足对方的这些需求时，对方就不会有那么多负面情绪。夫妻之间的争吵有时是对这些需求没有得到满足的不满和抗议，是对这些需求的呼唤。当我们能够认识到这一点时，我们就能更好地向对方表达爱，彼此间的冲突也会减少。

举个例子，如果丈夫很晚才回家，通常妻子可能会生气，责怪他为什么这么晚回来，为什么不接电话。这样的情绪容易导致他觉得妻子不理解他，进而引发冲突。

这时妻子可以想一想，自己之所以这样说，背后的需求是什么？是不是感到不安全、害怕孤单、需要被关心？那么，将这些需求告诉对方而不只是抱怨，是不是会更好？

比如，妻子可以这样表达："你这么晚回来，我都睡不着，我觉得在家里有点不安全，感到很孤单，也担心你在外面会发生什么事情，希望你能早点回来。"这样交流是不是更好？

直接表达需求，而不是抱怨，可以更有效地与伴侣进行沟通，从而更好地满足彼此的需求，建立更美满的婚姻关系。

▶ 做好自己 ◀

做好自己，是指我们在生活中应该独立自主，不依赖他人，尽好自己的责任，完成好自己的任务。在家庭中，这种理念尤为重要。每个家庭成员都应该有自己的角色和职责，比如妈妈负责做饭，爸爸负责孩子的学习辅导，每个人都应该尽自己最大的努力，把自己分内的事情做好。

夫妻关系应该是平等的，而不是一方过分依赖另一方。如果我们总是把责任推给对方，而自己无所事事，长期下去，必然会导致对方的不满和抱怨。因此，我们应该各自承担起自己的责任，共同为家庭的幸福努力。

同时，我们还需要学会管理好自己的情绪。每个人都有自己的情绪，但是不应该让家人成为我们消极情绪的发泄口，为我们的情绪买单。相反，我们应该学会自我调节，用积极的态度去面对生活中的挑战和困难。

▶ 共同目标 ◀

在婚姻中，拥有共同目标非常重要。这意味着夫妻双方应该共同参与学习和成长，相互成就对方，这样的关系是非常美好的。

在我做过的婚姻辅导中，有一对夫妻在孩子上大学后感到生活变得空虚，彼此之间产生了无聊和不满的情绪。每天相处都觉得索然无味，开始产生了不满和冲突。在一次因为讨论孩子未来就业问题而发生了争吵，丈夫说出了很伤人的话："我怎么娶了你这样的人做老婆!"导致他们爆发了激烈的争执，走向了离婚的边缘。

我评估发现，他们现在感到无聊的主要原因是孩子离家后，他们失去了共同的目标和任务。过去，他们的生活围绕着孩子展开，有很多事情需要共同面对和处理。而现在，孩子上大学后，这种紧密联系突然中断，让他们不知道如何面对婚姻，从而产生了冲突。

我们一起分析了他们彼此的需求、关心的事情和双方不能触碰的底线问题。同时，讨论了哪些有意义的事情，可以成为他们共同努力的目标。结果，他们列举了十多个还可以一起做的事情，这给了他们方向和目标，为婚姻重新找到了意义。

在婚姻中，当感觉家庭生活变得乏味的时候，可以共同创造新的目标。可以一起装修家居，可以一起学习新的知识，一起旅行。只要双方有共同的目标，大家就会感到彼此相伴，自然而然地去做更多有意义的事情。

以下是夫妻之间可以一起设定的目标和方向，也可以根据自身的喜好增加或删减，然后选择彼此都认可且可以执行的事项，在生活中去实践。

◎ 旅行：计划一次浪漫的度假，探索新的地方，创造美好的回忆。

◎ 烹饪：一起学习烹饪新的菜肴，或者制作喜欢的糕点。

◎ 运动：一起锻炼身体，保持健康，互相监督和鼓励。

◎ 音乐：一起学习一种乐器，或者唱歌，丰富生活情趣。

◎ 手工：一起制作手工艺品，比如泥塑、编织等。

◎ 义工：一起参与慈善活动，帮助有需要的人。

◎ 装修：一起设计并改造家居，让家更温馨舒适。

◎ 健身：一起参加健身课程或训练计划，提升身体素质。

◎ 学习：一起学习新的知识或技能，比如语言、编程等。

◎ 活动：一起参加家庭活动，比如亲子运动、户外野餐等。

◎ 电影：一起观看喜欢的电影或电视节目。

◎ 游戏：一起玩桌游、电子游戏等娱乐活动。

◎ 园艺：一起种植花卉或蔬菜，享受自然之美。

◎ 创作：一起进行绘画、摄影、雕塑等艺术创作活动。

◎ 探险：一起进行户外探险活动，比如徒步、攀岩等。

◎ 阅读：一起制定阅读计划，阅读同一本书或互相分享阅读体验。

▶ 共度"神奇的 6 小时" ◀

最后，分享约翰·戈特曼在他的《幸福的婚姻》一书中提出的"神奇的 6 小时"，每周只需花六小时在特定的事情上，便能提高婚姻的质量。

◎ 早上出门前夫妻花 2 分钟时间简单沟通，了解彼此今天的安排和计划。每周 5 个工作日，每天 2 分钟，总共 10 分钟。

◎ 每天下班回家后，夫妻在重聚时聊聊工作和心情，无论对方说什么都表示认同，只是表达情感，不做评判或指导，进行 20 分钟的减压谈话。每周 5 天，每天 20 分钟，总共是 1 小时 40 分钟。

◎ 每天讲一件对方身上值得肯定的事情，用 5 分钟时间来赞美和表扬对方。每周 7 天，每天 5 分钟，总共是 35 分钟。

◎ 主动与配偶牵手、搂肩、挽胳膊散步，睡前亲吻、拥抱对方，做一些能增进亲密感的举动。每天 5 分钟，每周 7 天，总共 35 分钟。

◎ 每周安排 2 小时的约会时间，可以一起看电影、外出用餐，或参加朋友聚会等。

◎ 每周安排 1 小时谈论彼此间的关系，谈论一周来发生的好事，也可以谈论彼此间出现的冲突，学会倾听和表达，谈论最后可以询问彼此："我可以做些什么让你在下一周能感到被爱？"

这些活动加起来每周只需要 6 个小时，就可以很好地改善夫妻关系，让婚姻生活更有质量。

神奇的 6 小时时间分配

特定事情	每次时间	每周次数	总计时间
早上沟通	2 分钟	5/周	10 分钟
下班减压谈话	20 分钟	5/周	1 小时 40 分钟
赞美和表扬	5 分钟	7/周	35 分钟
增进亲密感的举动	5 分钟	7/周	35 分钟
安排约会	2 小时	1/周	2 小时
谈论关系	1 小时	1/周	1 小时

婚姻是人生中最重要的关系之一，但要让婚姻幸福美满，并非易事。以上方法为我们提供了婚姻经营的指导方向，让我们能

够更好地经营和享受婚姻的幸福。无论我们的婚姻面临何种挑战，只要我们用心去实践这些心法，相信我们的婚姻将会变得更加美满和幸福。

实操
7　　与伴侣约定本周执行"神奇的 6 小时"中的两项。

养育有解：智慧养育的五个维度

⑤

评估默契度，拉近亲子心距离

亲子关系作为家庭核心的情感纽带，不仅凝结着血脉相连的深情，更是塑造孩子性格、价值观和行为模式的关键。

进行亲子关系的评估不仅有助于我们了解亲子关系的现状，更有助于我们深入分析其中的优势和挑战。通过评估，我们可以更清晰地认识到亲子之间的沟通模式、情感交流和互动方式，从而为亲子关系的进一步发展奠定坚实的基础。

▶ 测试一：五层次评估 ◀

我们将亲子关系分为五个层次：很差、差、一般、良好和卓越。这五种层次代表了亲子关系从低到高的不同状态，都伴随着不同的情感反应。

◎ 很差的亲子关系：在这种关系中，亲子之间充满恨意，彼此如同仇敌般互相憎恨。

◎ 差的亲子关系：这种关系中，亲子之间充满愤怒，一见到对方就会感到生气和厌恶。

◎ 一般的亲子关系：这种关系中，亲子之间相对沉闷，缺乏交流和互动，生活中缺少乐趣和沟通。

◎ 良好的亲子关系：这种关系中，亲子相处融洽，尽管偶尔会有冲突，但能够很快和好，相处愉快，彼此之间有良好的沟通。

◎ 卓越的亲子关系：这种关系是一种相互滋润的关系。家长和孩子共同成长、彼此支持，父母为孩子感到骄傲，孩子也感到幸福和满足。

通过这种评估，我们可以更准确地把握亲子关系的现状，并针对不同层次的关系制定相应的优化策略，以促进亲子关系的和谐发展。父母可以自我评估亲子关系在哪个层次。

卓越
润：相互滋润成长，双方幸福美满

良好
顺：相处顺心愉悦，相互沟通交流情感

一般
闷：缺乏交流和趣味，关系生活平淡无奇

差
愤：看到对方就感到愤怒和讨厌，情绪非常不稳定

很差
恨：彼此之间充满敌意和仇恨，像仇人一样对待对方

▶ 测试二：位置想象法 ◀

测试指导

请找一个舒适的姿势坐下，放松身体，深呼吸几次，感受心情逐渐平和。轻轻闭上眼睛，双手放在膝盖上，通过呼吸，让自己慢慢放松下来。

放松后，开始想象一位摄影师正准备为你全家拍摄一张正式的全家福合影。花点时间想象你和你的伴侣、孩子以及其他家庭成员分别站在各自的位置上，当所有人都就位后，想象"咔嚓"一声，摄影师完成了拍摄。

然后，想象自己走向摄影师，查看相机中的全家福照片。观察你所处的位置、你的伴侣、孩子以及其他家庭成员的位置。体会内心的感受，然后慢慢睁开眼睛。

评估解析

这个测试有助于我们理解个体与家庭成员之间的关系及互动。从亲子关系的角度出发，我们可以根据孩子的年龄和他们在照片中的位置来评估亲子间的关系。

幼儿阶段：通常，年幼孩子位于照片前方，象征着他们需要更多的保护和照顾。

青少年阶段：随着孩子进入青春期，位于父母两侧可能代表着逐渐获得的独立性，同时仍然得到家庭的支持。

成年人：对于已经成家的孩子，站在后方可能意味着他们已经成长为家庭的保护者和支持者。

通常情况下，后方的人扮演保护者角色，前方的人是被保护者，而两侧的人则是支持和协助者。如果一个孩子选择远离家人，或者一个成年人仍然占据中心位置，这可能表明亲子关系存在需要调整的地方。

亲子关系过于紧密可能导致孩子依赖性过强，不利于其独立成长；而过于疏远则可能导致家庭情感联系不足，彼此孤立。因此，在亲子关系中寻找一个平衡点，让每个家庭成员都感到舒适和被支持，对于建立健康和谐的亲子关系至关重要。

通过上述的两个测试，我们可以更加深入地了解亲子关系的现状。亲子关系的重要性不言而喻，它是构建一个健康和谐家庭的基石。一个良好的亲子关系可以为孩子提供稳定的成长环境，培养他们的自信、情感和社交能力。

⑥
亲子关系中的三种关系

亲子关系是人类社会中最基本、最重要的一种人际关系，理解亲子关系的特征有助于我们更好地建立和维护良好的亲子关系，为孩子的成长和发展提供良好的支持和指导。

▶ 血缘关系 ◀

血缘关系是亲子关系中不可忽视的重要特征。它代表着我们与孩子之间的生物学关系，是基于共同的基因和遗传信息而形成的纽带。这种关系无从选择也无法改变，是我们与孩子之间不可动摇的联结。

无论是生理上的相似之处还是基因上的共通性，血缘关系都为亲子之间的情感交流和相互理解提供了基础。这种关系使得父母更有动力去了解孩子的需求和挑战。同时，孩子也借助血缘关系来寻找自己的身份认同，感受到家庭的温暖和归属感。

血缘关系并不仅仅是生物学上的联系，它也承载着家庭历史、传统和文化的遗传因素。通过血缘关系，我们与前辈的经验和价值观传承相连，形成了一种更深的家族认同感。这种联结不仅影响着个体与个体之间的亲子关系，也将孩子与家族整体联系在一起，形成了一个更广阔的社会网络。

养育有解：智慧养育的五个维度

▶ 阶段关系 ◀

亲子关系的变化和发展是在不同阶段中展现出来的。每个阶段都有其独特的特点和需求。我们了解每个阶段的亲子关系特点，可以更好地学会和孩子相处。

0—3 岁：情感连接，筑就安全港湾

在生命的最初三年，孩子如同初生的嫩芽，对世界的认知几乎完全依赖于与主要抚养者的互动。这一时期的亲子关系，核心在于情感与安全感的建立。父母需要通过温柔的眼神交流、亲密的身体接触、及时的情感回应，向孩子传递爱。这种深厚的情感连接，不仅能为孩子构建一个充满爱的安全港湾，更是其未来探索世界、建立信任关系的基石。

3—6 岁：理解接纳，培育自主与规则

随着年龄的增长，孩子开始展现出更多的好奇心与探索欲，3—6 岁成为了自我意识觉醒的关键时期。此时，亲子关系的重点转向理解与接纳。父母需要学会倾听孩子的想法，理解他们的行为背后的动机，给予适当的自主空间，让孩子在尝试与错误中学会独立。同时，也是时候引入规则，通过明确的界限与合理的引导，帮助孩子理解社会规范，培养自律与责任感。

7—12 岁：支持鼓励，塑造自信与价值

进入小学阶段，孩子的学习与社交活动日益丰富，7—12 岁是他们形成自我认知、培养兴趣爱好的重要阶段。这一时期，亲子关系的核心在于支持。父母应成为孩子成长路上的坚实后盾，

鼓励他们尝试新事物，挑战自我，结交好友，同时给予积极的反馈与认可，帮助孩子建立自信心。此外，通过参与孩子的兴趣活动，共同探索世界，还能增进亲子间的情感联系，让孩子感受到自己的价值与能力。

12—18 岁：尊重信任，完善人格与统一感

青春期，是孩子从儿童向成人过渡的关键时期，也是亲子关系面临挑战的阶段。12—18 岁的青少年，随着身体与心理的巨大变化，开始更加注重自我认同与独立性。此时，亲子关系的核心在于尊重与信任。父母应尊重孩子的个性与选择，给予他们足够的空间去探索自我，同时保持开放与诚实的沟通，建立基于信任的伙伴关系。在这个过程中，引导孩子理解并接纳自己的多面性，促进其人格的完善与自我统一感的形成。

▶ 界限关系 ◀

在亲子关系中，界限的设立是至关重要的。我们需要在爱护孩子的同时，确保对他们有适当的管理和限制。过度放纵和溺爱孩子会导致他们缺乏自律和责任感，而过于冷漠和无情则可能使他们感到被忽视和不被重视。因此，我们需要在爱与规则之间取得平衡。

我孩子大约在三岁时，有一次我带她去公园的一个沙池里玩，发现其中一个区域被一家人霸占了，孩子的外公、外婆和妈妈各自占据了一个区域，声称这是他们家孩子的玩耍区域，不允许其他人进入。这公园是社会公共资源，这家人以为这样的做法是为了孩子好，实则是过度保护的溺爱，并不利于孩子的成长。

还有一个孩子，看到同学买了最新款的苹果平板电脑，于是要求父母也给他买一个。然而，他们家庭经济状况不好，但后来父母还是借钱给孩子买了。可惜的是，这个孩子要买这么好的平板电脑只是为了更顺畅地玩游戏。

有些孩子往往分不清什么是"需要"，什么是"想要"。例如，孩子可能说需要买十支笔，这个可能还情有可原，但如果已经有笔可用，却还要买五十支笔，就是"想要"。"想要"往往源于欲望，而欲望是无法被完全满足的。

因此，在教育孩子的过程中，我们必须设定界限。这意味着我们需要明确传达给孩子什么是可以接受的行为和期望，什么是不可接受的。我们可以建立家规，明确适当的规定和责任，让孩子明白自己的行为需要承担的后果。

界限的设定不仅有助于孩子形成积极的行为和价值观，还能够帮助他们培养自我控制和自律的能力。同时，这也意味着向孩子传递自我责任和尊重他人的重要性。

总结起来，亲子关系中的血缘关系是基于共同的基因和遗传信息形成的纽带，赋予亲子关系独特的力量和深度；阶段关系体现了亲子关系在不同阶段中的变化和发展，父母的角色和责任随着孩子的成长而逐渐转变；界限关系是在爱与规则之间建立适当的平衡，确保孩子在受到爱护的同时也有适当的规范和限制。

第六章　家庭系统：爱的滋养是一生幸福的底色

⑦

构建亲子关系的五大黄金法则

在家庭生活中，我们都希望给予孩子良好的成长环境和关爱，以确保他们的快乐和成功。而建立幸福的亲子关系是实现这一目标的关键，以下是构筑亲子关系的五大黄金法则。

▶ 不比较孩子 ◀

作为父母，我们时常会不自觉地将自己的孩子与他人的孩子进行比较。然而，我们需要意识到每个孩子都是独一无二的个体，具有各自的优势和劣势。比较会引发分别心，让我们对孩子产生评判的倾向，容易变得唠叨和苛求，并给孩子施加过大的压力。这样的行为会逐渐破坏亲子关系。

在比较时，我们可能会认为其他孩子在某些方面做得更好，却忽视了自己孩子的独特之处和潜力。这种过度比较和期待会给孩子带来沮丧感和自卑感，他们会觉得无法满足我们的期望，从而影响他们的自信心和积极性。

相反，当我们接受孩子的独特性，尊重他们的个性差异，并关注他们的成长过程而非结果时，我们能够营造出一种支持和理解的氛围。我们可以鼓励他们发展自己的潜力，根据他们的兴趣和能力为他们提供适当的支持和引导。通过理解和接纳孩子的个体差异，我们能够建立起更加亲密和积极的亲子关系。

▶ 不在他人面前批评孩子 ◀

生活中有这样一个现象：当别人表扬自己家孩子时，我们往往倾向于否认或淡化这种表扬。或许这是出于一种谦虚的心态，但自己孩子听到后会感到不舒服。相反，我们应该在他人面前多加表扬孩子。

有一位家长做得很好，在客厅墙上安装了一个白板，专门用来写下孩子做得好的事情，还会展示孩子的一些成果，比如他们主动洗碗的证明或获得的奖状等。当亲朋好友来访时，很容易就会看到这些，这时亲友自然而然地会对孩子进行赞美。孩子当众得到了夸赞后，会感受到被认可，这将进一步鼓励他们向着更好的方向发展。

一位来接受心理辅导的孩子告诉我，她妈妈经常在别人面前说她的坏话，这让她很讨厌妈妈。我问她是怎么知道的，她说是通过她的同学，而同学又是从她妈妈那里听说的。我进一步询问："那你的同学告诉你什么了？"

孩子告诉我说："妈妈说我太不省心了，每天早上都得叫我起床，房间也不怎么收拾，说我是个懒鬼。她越是这样说我，我就越不想整理房间。"

当我们在他人面前批评孩子时，孩子会感受到来自亲人的否定和批评，他们可能会感到尴尬和难堪。孩子们希望在别人面前展示自己的优点和能力，而不是被指责和挑剔。被父母当众批评的孩子会感到羞愧和沮丧，这会影响他们的自尊心和自信心，他们可能会觉得自己无法满足父母的期望，产生抵触情绪，进而抗拒改变自己的行为。

当孩子确实做得不好的时候，我们应该在私下里与他们进行沟通。通过积极的沟通方式，表达我们的关注和期望，鼓励他们改进。私下里的指导不仅保护了孩子的尊严，还维护了他们的自尊心，为他们提供了一个更加安全和开放的环境，让他们更愿意接受父母的建议和帮助。

▶ 不搞联盟 ◀

联盟关系是指在某个群体中，成员之间为了共同的目标或利益而形成的合作关系。然而，在不良的关系中，联盟关系往往带来更多的问题。当夫妻关系出现不和睦时，一方可能会以不健康的方式与孩子或其他家庭成员建立联盟，以对抗另一方来实现自己的个人目标。

这往往会加剧家庭关系的失衡，导致夫妻关系的紧张和冲突增加。特别是有些伴侣为了表达对对方的不满，在孩子面前诋毁伴侣，让孩子和父母有了深深的隔阂。这样的联盟关系可能会给家庭带来诸多负面影响。

首先，孩子被卷入了父母之间的争执和冲突中，他们会感到困惑、焦虑甚至无助，无法理解这些复杂的关系问题。他们可能被迫选择立场，感受到巨大的压力，甚至可能会对父母产生负面情绪。

其次，夫妻之间的联盟关系削弱了彼此之间的信任和沟通，使得解决问题变得更加困难。这可能导致关系进一步恶化，最终影响整个家庭的和谐与稳定。

有一对父母在离婚后，父亲在孩子面前总是说母亲的坏话，使得孩子对母亲产生了深深的怨恨，也不愿意与母亲相见，导致他们都感到异常痛苦，关系也变得更加紧张。

▶ 不体罚孩子 ◀

体罚是指对孩子使用身体力量或暴力来惩罚或纠正他们的错误或不良行为。然而，现代教育和心理学研究已经表明，体罚对孩子的发展和心理健康会带来负面影响。

体罚可能导致孩子感到恐惧、羞辱和愤怒，破坏家庭中的信任和亲密关系。孩子可能会出现自卑、抑郁、焦虑和暴力倾向等问题。

洛克在《教育漫话》中说："我们想使儿童变成聪明、贤良、磊落的人，用鞭挞以及奴隶性的体罚去管教他们是不合适的。只有万不得已和到了极端的情形之下，才能偶尔使用。"体罚对于幼小不懂事且蛮不讲理的孩子，有时能起到一定的震慑作用，可以让孩子明白必须对自己的行为负责。但"打"无疑是下下策，是无奈之举，决不可滥用。

在一次心理行业年会上，"狼爸"萧百佑介绍他的萧氏"打法"，可以看到他体罚孩子还是有规则、有底线的，不是情绪化的发泄。下面是他的萧氏"打法"的七大注意事项。

◎ 12岁以后不再打，因为性格和习惯已定型。
◎ 只用藤条或鸡毛掸，伤皮肉不伤筋骨。
◎ 只打手和小腿，身体其他部位不打。
◎ 打前先训话，讲明错误之处后再打。

◎ 一个孩子犯错，其他孩子必须站在一旁听从教诲，看着兄弟姐妹挨打。

◎ 打之前告诉孩子这次要打几下，让孩子自己数，不多打也不少打。

◎ 孩子必须主动伸手挨打，不能缩手躲避，不能喊疼，缩手一下多打一下，喊疼则打得更重。

每个年代不一样，教养孩子的方法也应做出调整，过去孩子小的时候被体罚是家常便饭，现在用体罚来教育就一定不适合。

假如真的体罚了孩子，要学会沟通，问自己体罚孩子的目的是什么。生气归生气，一些父母体罚完后什么沟通也没有，孩子心生怨恨，容易留下一些伤痕。所以，抽个时间和孩子谈谈，当时自己为何那么生气，分享彼此的感受、对事情的看法和解释。沟通到位了，孩子对这件事情也就更容易理解和接受。

在我小时候，我家买了一个很大的座钟，每天嘀嗒作响，到点了就当当地响。我很好奇，经常过去摸摸看看。有一天我放学回家，看到父亲阴沉着脸坐在那里，问我："你是不是把这个座钟的发票弄丢了。"原来座钟坏了。

我一脸茫然地摇头，不知道发票是个什么东西，后来才知道了凭发票可以去免费维修。父亲觉得我喜欢到处翻东西，一定是我给弄丢了，二话没说就打了我一记响亮的耳光，当时我委屈得号啕大哭。

那一个星期我们几乎没有说话。一星期后听我母亲说发票后来在他口袋里找到了。自从找到发票后我能感觉父亲有那种内疚感，但是他从不和我说这件事情，他以为小孩不会记得这些事情。其实这些没有被解释过的事情，深深地印记在我的记忆里。

养育有解：智慧养育的五个维度

▶ 亲子黄金时间 ◀

建设亲子关系确实不容易，需要用心去付出，最后介绍给大家一个工具，叫亲子黄金时间法。

要求

◎　一起做一件开心的事。

◎　不花钱或花很少钱。

◎　过程中不评判、指责、命令。

◎　时间 60—90 分钟。

做法

◎　双方找个时间列出喜欢做的事情清单，每人列出 20 个以上。

◎　然后去掉不同意的，留下 12 个双方都认可的，不够再增加。

◎　每周选择一个双方都感兴趣的事情去执行。

◎　持续 2—3 个月。

行动实践

与孩子共同设计黄金时间活动清单。

⑧
化解子亲关系隔阂，连接爱的源头

对于子女来说，最初建立的关系是与父母的关系。随着孩子逐渐成长，他们会逐渐建立更多的关系，如同学关系、同事关系和伴侣关系等。在各种关系中，我们与父母的关系是其他关系的源头，我们应该好好经营它。

多年前，我在一档电台谈心节目中，作为嘉宾接到了一位女性的电话，她向我倾诉她的痛苦。她在老家被父母催婚，要她和不喜欢的男人结婚。为了这件事，她和父母冲突不断，最终一气之下离家出走。几年过去了，她与父母断绝了联系，但内心时刻都感到非常痛苦。

像她这样与父母关系出现问题的人并不少见。有些人从出生起就被送养，有些人在孤儿院长大，还有一些人从小就不在父母身边。这些人与父母的关系很淡薄，我们会发现他们在面对人际关系和家庭关系时会遇到很多挑战。

当一个人感觉自己不被爱或没有存在的资格时，他的生活很难幸福。这些人往往怀有怨恨。想象一下，我们的生命来自父母，如果我们与父母断绝关系，那不就是在心理层面否定或断绝自己的生命吗？

因此，在这种情况下，我们常常会感到痛苦。那么，该怎么

养育有解：智慧养育的五个维度

办呢？方法就是要去接纳，接受拥有这样的父母。用另一个更容易理解的词来说，就是认命，你要接受这个命。你越是不接受这个命，你的命就会变得越加艰难。你越是接受它，也许生命就会发生变化。接纳父母，是承认他们的局限性，同时主动选择以建设性方式重构关系——这不是屈服，而是超越。

如果父母对我们造成了伤害，需要妥善处理。我们试着站在那个时代背景下，从父母的角度去分析他们那么对待我们的原因，如果我们遇到同样的问题，我们会做出什么选择？虽然我们和父母在一起生活了很多年，但如果不去了解，比如说父母成长中的一些经历、遭受的一些苦难，我们便无法理解父母的一些行为。

在**了解**的基础上，我们会更好地**理解**一个人。理解一个人后，我们才能与他们**和解**。与父母修复关系，是我们一生中非常重要的课题。

当你真正能够理解父母，并能够站在更宽广的角度看待问题，你会意识到一个人来到这个世界上是何等不易。从人类的视角来看，我们已经超越了许多其他生物。我们不是蚂蚁、老鼠或苍蝇，而是高等生命体。基于这一点，我们应该感激父母对我们生命的恩赐。

💡 首先，可以问问自己："在父母像我这么大的时候，他们那个时候的生活是什么样子的？"

当我们深入地去了解父母后，才能深深地理解他们，假如他们背负了许多的压力和责任，还有一些生存问题，他们怎么能心平气和地来和我们相处？如果他们自己都照顾不了，没有爱的能

253

力，他们的父母也没有给过他们爱，我们怎么来要求他们给我们爱呢？

在这个过程当中要不带评判，而只是带着好奇去了解。

💡 然后再问自己："我从父母那里继承下来哪些好的方面？"

比如，从父母那里继承的为人处世之道、性格特质、方法技能等，正是因为有了这样一些好的品质和能力，我们才有了现在的生活。

💡 再问自己第三个问题："我作为父母或者说未来可能要成为父母，我希望自己和父母有哪些不一样的地方？"

现在，我们已经长大成人，不再是个需要照顾的孩子，试着用一种崭新的眼光来看待自己的人生。问自己，为了自己以后更加美好的生活，可以做些什么？

实操 写一封不寄出的信给父母，释放未被表达的情感。
8　选择一张家庭旧照，与父母共同回忆背后的故事，倾听他们的青春遗憾。

9

隔代教育隔代不隔爱

在当代社会，隔代教育已成为一种常见的家庭教育模式。祖父母或其他辈分较高的亲属承担起抚养和教育孩子们的主要责任，陪伴他们共同度过成长岁月。这种形式特殊的教育关系，既有其独特的优势，也面临着一些挑战。

▶ 隔代教育的优势 ◀

经验与智慧传承

祖父母凭借他们丰富的人生经验和智慧，能够向孩子传授宝贵的知识、技能和价值观。他们经历了多年的人生起伏，见过了各种各样的事情。因此他们对于很多问题都有自己独特的见解和解决办法。他们的社会阅历和人生感悟可以给予孩子宝贵的指导和建议。

通过教导孩子尊重长辈、孝顺父母、认识传统节日的重要性以及遵守其他道德准则和社会规范，祖父母帮助孩子深入了解自己的家庭背景和文化根源，培养对传统的认同感和自豪感。通过他们的引导，孩子学会了为家人着想，承担起家庭责任，并逐渐形成了良好的品德和道德观念。

减轻父母负担，享受天伦之乐

当家长由于工作忙碌或其他原因无法陪伴孩子的时候，有自己父母来照顾孩子，这不仅减轻了压力和负担，还能给自己留出时间去处理其他重要事务。同时，对于祖父母来说，与孙辈一起度过宝贵的时光，享受天伦之乐，也是一种幸福和满足的体验。

充满爱和关怀

祖父母，作为孩子的直系血亲，他们与孩子之间有着一种无法言喻的深厚情感纽带。他们经历了岁月的洗礼，见证了家族的兴衰，对于家庭的重要性有着更为深刻的理解。因此，当他们承担起抚养和教育孙辈的责任时，总是能够全心全意地投入其中，用他们的爱和关怀温暖着孩子的心灵。

▶ 隔代教育的不足 ◀

教育孩子的观念和当代社会价值观不符合

祖父母的教育观念和价值观通常受到他们成长环境和时代背景的影响，与当今社会的趋势可能存在差异。他们可能对新兴的教育方法、科技应用和现代化的教育理念不太熟悉。

他们更倾向于传统的教育方式，过于注重纪律、学习和传统价值观，而忽视培养孩子的创造力、批判思维和适应性等现代教育所强调的能力。这可能导致他们无法培养孩子在当代社会所需的技能和素养，从而影响孩子的综合发展。

存在沟通障碍

由于不同代际之间的生活经历、语言表达方式和兴趣爱好的差异，祖父母与孩子之间可能存在沟通障碍。这可能导致教育信息传递不畅，祖父母难以理解孩子的需求和情感表达，进而影响到教育的有效性和孩子与祖父母之间的亲密关系。

缺乏专业教育知识和技能

祖父母通常没有接受过专业的教育培训，对系统的教育知识和教育心理学缺乏了解。他们可能无法提供针对孩子个体差异的个性化教育，也可能不懂得如何引导和激发孩子的学习兴趣和潜能，这可能局限孩子的学习和发展。

容易溺爱孩子，阻碍孩子独立性的发展

祖父母常常对孩子充满爱和关怀，过度爱护有时会转化为溺爱，这不仅可能导致孩子缺乏自律和自控能力，还可能减弱他们独立解决问题和自主决策的能力，从而影响他们面对生活挑战的适应性。

▶ 父母如何平衡隔代教育 ◀

在隔代教育中，作为父母，具体应该怎么做呢？

亲自带孩子

如果可以亲自照料孩子的话，应该尽量亲自承担这个责任，让年长的父母享受晚年的宁静和幸福。这样做不仅可以加深亲子

关系，也能够让孩子在亲密的家庭环境中成长，获得更多的关爱和陪伴。要知道老人没有义务必须给子女带孩子，但很多的人还有这样的观念，如果父母不能来帮助带孩子，他们就会感到生气。

创造条件带孩子

如果父母因各种原因无法亲自照顾孩子，应该积极主动地创造适合的照顾条件。可以考虑雇用专业的保姆或请亲朋好友帮忙，也可以选择将孩子送入照料水平良好的托管班。无论哪种方式，我们都应该确保孩子的安全及满足孩子身心发展的需求。

尊重父母选择

如果确实需要依靠父母帮忙照顾孩子，我们应该以尊重和理解的态度与他们进行沟通。在征得他们的同意之后，明确彼此的角色和责任。我们要意识到老人是我们的父母，他们应该享有尊严和尊重，而不是强行要求老人来带孩子。试想下，强行要求父母来带孩子，父母心里不开心，以这样的情绪状态带孩子，是不是也不利于孩子成长？

主要教育者接受培训

主要负责教育孩子的人应该接受培训和教育，以提升自己在教育方面的专业水平和能力。主要教育者可以参加相关的课程、或阅读书籍，以获取更新的教育知识和技巧。通过不断学习和提升自己，我们可以更好地满足孩子的教育需求。

有一次我去一个老年社区举办讲座，社区的居民大多是六七十岁甚至更年长的老人。那次的经历让我深深感动，讲座的主题就是隔代教育，听课的老人们非常认真，他们承认自己以前没有意识到其中的许多问题，表示回去之后真的要好好改变自己的教育方式。

但是，如果子女自己直接去跟他们谈论这些问题，他们可能无法接受。老人家会觉得是子女在为难他们。

共建家庭梦想

建设共同家庭梦想是隔代教育成功的关键之一，这也包括了要考虑老人的愿景和追求。我们应该与父母共同探讨家庭的愿景和目标，让老人感到自己在家庭中有所贡献和存在感。鼓励老人参与家庭的决策和规划，让他们感到自己的意见和贡献受到尊重和重视。通过共同追求家庭梦想，我们能够增强家庭凝聚力，促进家人之间的沟通和合作，为孩子提供稳定、支持和积极的成长环境。

寻求第三方专业支持

当我们发现老人在教育方面存在问题时，应该寻求第三方的教育支持和建议。这可以包括与专业的家庭教育专家、心理专家或相关领域的专家进行交流和咨询。他们拥有专业的知识和经验，能够提供针对特定问题的解决方案和指导意见。同时，我们也可以寻找相关的书籍、资料和线上资源，从中获取有用的教育信息和方法。

平时注重情感维护

在平时的相处中，我们应该注重情感维护，与父母保持良好的沟通。如果出现问题或分歧，夫妻双方最好先与各自的父母进行沟通，尊重彼此的立场和观点。通过开放、诚实的对话，我们可以增进理解，化解潜在的冲突。同时，我们也应该学会倾听父母的意见和建议，从他们的经验中汲取宝贵的智慧，共同探讨如何更好地教育孩子。

在与父母进行沟通时，我们应该避免仅仅进行教育和讲道理，而是更加注重表达自己的感受和情绪。站在老人的角度思考问题，理解他们的担忧和观点，并积极寻求他们的意见和建议。

平时我们应该关心和照顾老人的心理需求，为他们提供情感支持和陪伴。同时，我们也可以帮助老人重新找到属于他们自己的生活乐趣和兴趣爱好，让他们在家庭中发挥更积极、有意义的角色。

明确分工

在隔代教育中，明确分工是十分重要的。父母和老人之间可以协商确定各自的责任和角色。比如老人负责照顾孩子的日常生活和基本需求，父母则负责孩子的教育和成长。在分工过程中，我们应该遵循养育原则，确保孩子得到恰当的照顾和教育。同时，我们也应该定期进行沟通和评估，及时调整分工方案，以适应家庭和孩子成长的变化。

▶ "天气预报"实操训练 ◀

最后，我们借鉴国际著名家庭治疗创始人维吉尼亚·萨提亚提出的工具"天气预报"，来进行隔代教育的实操训练。"天气预报"要求在每天的家庭沟通中注意表达以下五个方面的内容。

◎ **欣赏与感激：** 家庭成员可以对彼此表达在隔代教育中的付出和支持的欣赏与感激之情。分享对父母或其他照顾者的感激，认可他们为孩子提供的帮助和关怀。

◎ **担忧、关心和困惑：** 家庭成员可以表达对隔代教育中出现的担忧、关心和困惑。分享自己对孩子的教育方式或者某些具体问题的疑虑。

◎ **抱怨和建议：** 允许家庭成员表达对隔代教育的不满和抱怨，并提供改进的建议。这可以包括对教育方式、家庭角色分工或者沟通方式的建议和改善意见。

◎ **新的信息和资讯：** 家庭成员可以分享关于隔代教育的新信息或者其他相关资料，以便共同学习和提高能力。这有助于增进家庭成员对隔代教育的理解和知识。

◎ **希望、梦想和期待：** 鼓励家庭成员分享他们对隔代教育的希望、梦想和期待。每个人都可以表达自己对孩子成长的期望，以及对隔代教育关系的愿景，彼此协作，实现共同的目标。

这样的操作练习，有助于建立更加积极和有效的隔代教育关系，加强家庭成员之间的理解和支持，为孩子的成长和教育提供更好的环境和支持。

练习 7

幸福家庭冥想

为了创造一个更加和谐幸福的家庭，我们来进行一次幸福家庭冥想。冥想是一种深入内心的旅程，它能帮助我们连接内心的平静与和谐，为家庭关系注入更多的爱与温暖。

请找一个安静且不被打扰的地方，选择一个舒适的坐姿，背部挺直，肩膀放松，让身体保持舒适放松的状态。慢慢地闭上眼睛，开始做几个深呼吸。

吸气时，感受空气进入身体，然后缓慢地呼气，让呼吸变得平稳而舒缓，继续呼吸，直到感觉自己平静下来。

我们知道，家庭关系是我们人际关系中最紧密、最复杂的一种。无论父母、孩子还是伴侣，这些人都是我们生命中最亲近的人，我们与他们的联系也是最紧密的。

在这个练习中，让我们带着感恩的心态进入冥想，感激我们拥有的一切。

我们或许很久没有好好关注自己的身体了，我们要意识到，我们身体的每个器官、每个部位都在维系着我们的生命。所以，将注意力集中在头部，放松眉心和脸颊，然后感受微笑在嘴角轻轻上扬。

感恩我们的双眼、耳朵、鼻子和嘴巴，正因为有它们，我们能够感受到这个世界的美好。感谢我们的双肩，在平日里帮助我们承担重担。感谢我们的双手，它帮助我们完成了许多任务。感恩我们的双腿和双脚，它们带领我们走过了很长的路程。感受我们身体的每一部分，它们支撑着我们的工作和生活。

现在，继续将这份感激之情带入我们心中，感谢值得感激的人，首先要感谢自己。想象自己站在自己面前，向自己表示感谢。在日常生活中，我们往往没有意识到我们对自己是多么苛刻，常常责怪自己不够好，纠结于自己的缺点和失败。

你可能未曾意识到，在你的成长中，你已经取得了很多成就。回想那些你曾认为无法跨越的障碍，而你最终都成功克服了它们。多年来，你经历了许多酸甜苦辣和悲欢离合，但你始终坚持下来。因此，对自己的坚持和勇气表示感谢。

在内心深处对自己说："感谢你，亲爱的自己，感谢你勇敢地面对生活的挑战，感谢你不断地成长和进步。请深深地爱自己，因为你是独一无二的，你值得被爱。愿你快乐、健康、平安，远离忧愁。"

接下来，感谢你的伴侣。想象你的伴侣站在你面前，表达对他（她）的感激之情。回想一下，他（她）为你所做的某件事情，他（她）对你的帮助，以及你们一起度过的快乐时光。在内心深处，对他（她）说："谢谢你陪我度过生命中很多难忘的时刻，无论生活境遇如何，我都希望你健康、平安，远离忧愁和痛苦。"

然后，感谢你的孩子。想象他（她）站在你面前，表达对他（她）的感激之情。回想你们在一起的美好时光，他（她）小时候乖巧可爱的模样，一起外出玩耍的情景，成长中碰到的一些挑战与磨难，以及你们一起度过的快乐时光。

在内心深处，对他（她）说："谢谢你陪我度过美好时光，让我明白了生命的意义。无论生活如何，我都希望你健康成长，幸福美好。"

接下来，感谢你的父母和家人。想象这些亲近的人站在你面

263

前，表达对他们的感激之情。感谢他们给予你生命，让你的生命得以延续和扩展。在内心深处，深深地向他们鞠躬，对他们说："谢谢你们，感谢你们的无私付出与爱，愿你们幸福安康。"

现在，想象一束光照耀下来，你们全家都站在这束光中，相互拥抱，感受彼此之间的爱和温暖。体会这种感受，将这种感受记在我们心中，它会支持我们更好地面对未来生活中的挑战，指引我们走向更幸福美好的生活。

现在，将意识慢慢带回到所在的空间。感受一下周围的环境，然后轻轻地活动一下手指和脚趾。再进行一次深呼吸，结束今天的冥想练习。当你准备好后，就可以缓缓地睁开眼睛。

希望这段冥想能够给你带来内心的宁静和对家庭的深刻体验，当你完成今天的冥想练习后，不妨与家人分享你的感受和收获。愿这份冥想带给你的宁静和力量，伴随你在日常生活中创造更多和谐与幸福。

\ **小结** /

用有爱的家庭滋养孩子一生

◎ 夫妻关系经营

坚定信念、接纳欣赏、满足需求、做好自己、共同目标

◎ 亲子关系建设

不比较、不在他人面前批评孩子、不搞联盟、不体罚孩子、
亲子黄金时间法

◎ 子亲关系链接

了解、理解、和解

◎ 隔代关系处理

亲自带孩子、创造条件带孩子、尊重父母选择、主要教育者
接受培训、共建家庭梦想、需求第三方专业支持、平时注重
情感维护、明确分工、"天气预报"实操训练

后记

撰写这本书的初衷，是希望能够探讨亲子教育中常见的问题，提供一种全面、多维度的解决方案。书写过程很顺畅，感觉有很多想法要表达，毕竟有这么多年的咨询辅导和培训经验的积累。

这本书从五个维度探讨了亲子家教在现代社会面临的问题与解决方案，尤其是互联网、人工智能迅猛发展的时代背景下，社会环境日新月异，许多家庭都面临着如何在多变世界中引导子女健康成长的重大课题，特别是在养育方面。

面对这些挑战，我们或许无法全面掌控外部环境的变迁，我们能够把握的，是从自身做起，从我们家庭出发，积极应对挑战，为孩子的成长营造一个更加积极、健康、和谐的空间。

五维亲子家教法，不仅仅是一种方法，更是一种亲子家教理念的升级，我们行动的指南针，鼓励我们从细微之处入手，做些我们力所能及、对孩子成长有益的事情。

感激我的家人和孩子们，他们使我体会到了亲子家教中的快

养育有解：智慧养育的五个维度

乐与挑战。感谢 NLP 大师罗伯特·迪尔茨和李中莹先生，在他们理解六层次模型的基础上我得以延伸出了五维亲子家教法模型。感谢找到我接受辅导的孩子和家庭，透过你们，我看到生命中的爱和潜能。特别要感谢本书的编辑团队，他们的专业意见和耐心细心指导使得这本书能够呈现在读者面前。

有这样一个故事，故事名为"用上所有的力量"。一个小男孩在他的玩具沙箱里玩耍，沙箱里有他的一些玩具小汽车、敞篷货车、塑料水桶和一把亮闪闪的塑料铲子。在松软的沙堆上修筑公路和隧道时，他在沙箱的中部发现一块大的岩石。

小家伙开始挖掘岩石周围的沙子，试图把它从泥沙中弄出去。他是个很小的小男孩，而岩石却相当大。他手脚并用，似乎没有费太大的力气，岩石便被他边推带滚地弄到了沙箱的边缘。不过，这时他才发现，他无法把岩石向上滚动，翻过沙箱边墙。

小男孩下定决心，手推、肩挤、左摇右晃，一次又一次地向岩石发起冲击，可是，每当他刚刚觉得取得了一些进展的时候，岩石便滑脱了，重新掉进沙箱。

小男孩只得哼哼直叫，拼尽全力猛推猛挤。但是，他得到的唯一回报便是岩石再次滚落回来，并弄伤了他的手指。

最后，他伤心地哭了起来，这整个过程，男孩的父亲从起居室的窗户里看得一清二楚。当泪珠滚过孩子的脸庞时，父亲来到了跟前。

父亲的话温和而坚定："儿子，你为什么不用上所有的力量呢？"

垂头丧气的小男孩抽泣道："我已经用尽全力了，爸爸，我已经尽力了！我用尽了我所有的力量！"

"不对，儿子。"父亲亲切地纠正道："你并没有用尽你所有的力量。你没有请求我的帮助。"父亲弯下腰，抱起岩石，将岩石搬出了沙箱。

　　希望这本书能够在你面对亲子家教难题时为你提供解决思路，也能在亲子家教的道路上给到你一些力量和支持。亲子教育不仅影响着孩子的成长，也在很大程度上决定了家庭的和谐与幸福。感谢所有热情阅读本书的读者，欢迎分享你的故事和经验，让我们一起为创造一个温馨、和谐的家庭而努力。